QUELQUES CONSIDÉRATIONS

SUR LA MARCHE DU PARTI *LIBÉRAL*

DANS LES PREMIERS MOIS DE 1822,

ET SUR CERTAINS DISCOURS DE SES DÉPUTÉS;

PAR M. CLAUSEL DE COUSSERGUES,

MEMBRE DE LA CHAMBRE DES DÉPUTÉS.

PRÉCÉDÉES

DE SON OPINION SUR LA PÉTITION-LOVEDAY.

DE L'IMPRIMERIE D'A. ÉGRON.

PARIS,

A. EGRON, Imprimeur-Libraire, rue des Noyers, n° 37.

G. DENTU, Libraire, rue des Petits-Augustins, n° 5.

MAI 1822.

TABLE.

FIN DE LA TABLE.

AVERTISSEMENT.

Je n'ai pas le talent de parler, à la tribune, sans préparation; je paye mon tribut en publiant quelques réflexions sur les Discours que j'ai été condamné à entendre pendant quatre mois.

Les membres de la *majorité*, qui n'ont pas l'habitude de la tribune, écrivent leurs *opinions* sur les principaux sujets des discussions de la Chambre; mais ils ne s'empressent pas moins de demander ou *d'appuyer* la *clôture*, pour ne pas rendre les sessions interminables, et souvent aussi pour ne pas fournir à des ennemis déclarés de la Religion et de la Monarchie de nouveaux prétextes à leurs déclamations. Plusieurs de ces Discours des membres de la majorité, imprimés et répandus dans les départemens, n'en sont pas moins utiles pour éclairer l'esprit public. C'est dans les mêmes vues que je publie cet écrit. Je m'exprimerai sur les Discours de nos adversaires, avec la même *franchise* qu'ils apportent eux-mêmes à la tribune.

On trouve chez les mêmes Libraires :

Projet de la proposition d'accusation contre M. le duc Decazes, Pair de France, ancien Président du Conseil des Ministres, ancien Ministre de l'Intérieur et de la Police générale du Royaume, à soumettre à la Chambre des Députés, par M CLAUSEL DE COUSSERGUES, Membre de la Chambre des Députés, Conseiller à la Cour de cassation, Chevalier de l'Ordre royal et militaire de ST.-Louis, Officier de l'Ordre royal de la Légion-d'Honneur. 4e édition, augmentée de deux réponses à l'écrit de M. le *comte d'Argout*, Pair de France, sur ce projet d'accusation; vol. in-8° de 460 pag.

Quelques considérations sur la marche du Ministère, distribuées à la Chambre des Députés le 31 juillet 1821, précédées d'un Discours prononcé, dans la séance du 16 juin précédent, sur la police (dirigée par MM. Mounier et Anglez) 2° édit., suivie d'une réponse aux apologies du Ministère, insérées dans divers numéros du *Moniteur* du mois d'août, même année, par le même député. vol in-8° de 200 pag.

OPINION (1)

DE

M. CLAUSEL DE COUSSERGUES,

DÉPUTÉ DE L'AVEYRON,

SUR LA PÉTITION DU SIEUR DOUGLAS LOVEDAY.

MESSIEURS,

Je me propose de donner quelques développemens à une considération que la nature du travail du rapporteur de votre Commission ne lui a permis que d'indiquer. Sans doute, rien n'est plus sacré, parmi les nations policées, que de rendre justice à un étranger; mais un étranger a-t-il le droit d'élever des réclamations qui seraient évidemment repoussées dans son propre pays? Or, qui peut douter que ce ne fût le sort d'une semblable pétition dans la patrie du sieur Loveday?

Je suppose qu'un Français résidant à Londres, plaçât

---

(1) Cette opinion n'a pas été prononcée, parce que la Chambre, *avec juste raison*, ferma la discussion, après avoir entendu le rapporteur de la commission et un orateur de l'*opposition*. Plusieurs membres de la majorité ont publié les discours qu'ils avaient préparés: M. *Dubay*, *protestant*, député de l'*Ardèche* (le Vivarais) est de ce nombre. On remarque dans son *opinion* les phrases qui suivent: « Louis XV confiait à un protestant le commandement de ses armées; « et l'infortuné Louis XVI ne tarda pas de rendre aux protestans leurs droits « civils, *et tout ce qui constitue une entière liberté de conscience*... Rien ne « saurait excuser la conduite du sieur *Loveday*, et je crois que *si les magistrats* « *sont en faute*, c'est uniquement pour n'avoir pas sévi contre un écrit publié « avec tant d'éclat et avant la décision des Chambres, qu'on savait bien ne pou- « voir pas être favorables à son auteur... »

Il y a dans la Chambre des Députés quinze protestans, neuf sont assis au *côté droit*, et parmi ces derniers se trouve M. le général *Donadieu*. — D'après les recensemens faits, ces dernières années, on compte en France *au plus* 600,000 calvinistes, et 250,000 luthériens. On voit que la représentation des protestans dans la Chambre, est un peu plus forte que celle des catholiques.

ses filles dans une école protestante; qu'il les y laissât pendant deux années; que, pendant tout ce temps, il ne les conduisît pas une seule fois dans une chapelle catholique; que ses filles, entraînées par l'exemple de leurs compagnes, séduites enfin par les livres de controverse qui attaquent les dogmes de l'Eglise romaine, eussent adopté le culte anglican, et que, pour pratiquer en paix leur nouvelle religion, devenues majeures, elles se fussent retirées dans une maison décente : croyez-vous que ce Français pût attaquer la maîtresse de pension chez laquelle ses filles auraient embrassé la religion anglicane, comme étant coupable du *rapt de séduction?* et, en cas d'un prétendu déni de justice de la part des magistrats anglais, comment pensez-vous que serait accueillie sa pétition dans la Chambre des Communes? S'y trouverait-il une voix qui osât l'appuyer? Je m'en rapporterais à M. Loveday lui-même. Il connaît trop bien son pays pour ne pas savoir qu'il y aurait de la dérision à mettre en doute ce qui se passerait en pareil cas dans le Parlement d'Angleterre.

Je ne vous parlerai que d'un fait bien connu, et qu'il est important de rappeler dans cette discussion. Il n'y avait pas cent mille catholiques dans l'Angleterre proprement dite à l'avènement de Georges III; il y en a actuellement de sept à huit cent mille (1). Eh bien! dans tout ce long

(1) Un Anglais qui connaît très-bien son pays m'a fait remarquer, depuis la publication de ce discours dans les journaux, qu'il ne faudrait pas attribuer cette augmentation du nombre des catholiques aux seules conversions. Les Iles Britanniques, à l'avènement de George III, n'avaient qu'une population de douze à quatorze millions d'âmes : on la porte aujourd'hui jusqu'à vingt millions.

règne, ainsi que sous celui de Georges IV, il n'y a pas eu un seul prêtre catholique qui ait été recherché pour avoir opéré des conversions. Il est remarquable que la plus grande partie de ces changemens de religion ont eu lieu par le ministère de prêtres étrangers, par les instructions des prêtres français déportés. Vous avez entendu raconter, comme moi, à ces pieux ecclésiastiques, comment se faisaient ces conversions : des personnes nées dans les sectes protestantes étaient touchées de cette puissante conviction qui avait déterminé les prêtres français à abandonner leur patrie pour ne pas prêter un serment que leur foi condamnait. Cette résignation, cette constance, accompagnée de la pratique de toutes les vertus, portaient dans l'esprit de leurs hôtes anglais des doutes sur la bonté des motifs qui avaient engagé leurs pères à se séparer de l'unité catholique. Ils faisaient part de leurs pensées aux prêtres français; ceux-ci leur faisaient lire l'*Exposition de la doctrine catholique*, par Bossuet, et ce qu'a écrit ce grand homme sur la réformation de Henri VIII. Le retour à l'ancienne Eglise était une prompte conséquence de ces lectures, et l'on voyait, dans peu de temps, se former des réunions de nouveaux catholiques, qui bâtissaient des chapelles pour l'exercice de leur culte, dans des pays où il n'y en avait plus depuis trois siècles.

Des événemens si publics, si remarquables, n'étaient pas inconnus du ministère anglais : cela le porta-t-il à exécuter l'*alien-bill* à l'égard des prêtres français? Non; il ne s'en servit que contre les libéraux étrangers qui avaient forcé ces prêtres à quitter leur patrie; et quant à ces ecclésiastiques eux-mêmes, le gouvernement anglais ne se borna pas à les laisser vivre en paix sur une terre hospitalière, à les y laisser pratiquer et même propager leur culte(1), il fournit abondamment à leur subsistance. Georges III, dont la mémoire sera à jamais respectable et chère aux catholiques et aux royalistes français, Georges III, quel que fût son attachement pour la religion protestante, en parlant de ces défenseurs de l'ancienne foi, se servait toujours de cette expression, *mes prêtres.* On sait quels furent les bienfaits constans que son auguste fils, le monarque actuellement régnant, et toute la famille royale d'Angleterre, répandirent sur ces ecclésiastiques fidèles. M. Burke forma, sous ces augustes auspices, dans la terre où il habitait, un nombreux collége, où de jeunes Français recevaient, de ces ecclésiastiques, des leçons de fidélité à leur religion et à leur Roi; et aucun bon Français n'a oublié que M. Pitt déclara, en plein parlement, que, parmi ces milliers de prêtres français, qui étaient depuis plusieurs années en Angleterre, il ne s'en était pas trouvé un seul qui eût donné lieu au moindre reproche: « Eloge, « ajouta ce grand ministre, qu'aucune autre réunion « d'hommes aussi nombreuse n'a peut-être jamais mérité « dans aucun lieu et dans aucun temps. »

---

(1) On m'a fait remarquer, de même, qu'à Londres, où le gouvernement Anglais a donné l'hospitalité et tous les secours pour leur subsistance jusqu'à trois et à quatre mille prêtres français, il leur était recommandé de ne détourner personne de la religion de l'Etat. On cite même deux de ces prêtres qui, prêchant avec trop d'éclat dans un des comtés d'Angleterre, eurent ordre de sortir de ce comté. Ces exceptions, comme on voit, ne détruisent en rien l'argument employé ici, comme elles n'empêchent pas que les catholiques de France ne doivent avoir une reconnaissance éternelle pour le gouvernement de Georges III.

Ces prêtres faisaient cependant beaucoup de conversions, comme nous l'avons remarqué ; mais M. Burke, M. Pitt, et les hommes d'état les plus éclairés, qui ont dirigé avec tant de gloire le gouvernement et l'esprit public de l'Angleterre, pendant la révolution française, ont senti que ce qui était dangereux, à cette époque, pour leur pays, n'était pas le retour de quelques Anglais à la religion de Henri VII, mais la perte de toute religion ; ils savaient que les vrais catholiques sont les sujets les plus fidèles et les meilleurs citoyens sous toutes les formes de gouvernement ; et M. Pitt, sous l'administration duquel s'opérèrent le plus grand nombre de ces conversions, ne cessa de protéger ces ecclésiastiques (1) que M. Loveday croit insulter, en les appelant des *convertisseurs*, et dont il voudrait que la Chambre des Députés provoquât la punition, parce qu'ils ont instruit sa fille dans la religion catholique, sur le sol français.

Les défenseurs de la pétition de M. Loveday ne répondront rien à la supposition que je fais d'une semblable pétition, présentée au Parlement d'Angleterre, ni aux conséquences que j'en tire ; mais il faut que je réponde moi-même à un argument du même genre, qu'on lit dans sa pétition : « Supposez, fait-on dire à « cet étranger, que le fils ou la fille d'un catholique lui

(1) La *Quotidienne*, en rapportant ce discours dans sa feuille du 14 avril, a mis cette note : « L'orateur aurait pu ajouter, au « sujet de l'accueil qu'ont reçu les prêtres français en Angleterre, « qu'il fut publié à cette époque, à Londres, une édition de la « Bible pour les catholiques, qui portait au frontispice : *Imprimée aux frais de l'Université d'Oxford, à l'usage du clergé* « *de France, persécuté pour la foi.* »

« fût enlevé par les procédés dont je me plains, et qu'on
« lui fît abjurer sa religion, pour embrasser le protes-
« tantisme, trouverait-on assez d'imprécations, assez
« d'anathêmes, contre une action aussi horrible? Eh
« bien! ou la liberté des cultes et l'égalité des droits ne
« sont que des mots vides de sens, ou la même horreur
« doit s'attacher à l'attentat que je dénonce. »

Je répondrai que ce prétendu *attentat* n'inspirerait aucune *imprécation*, aucun *anathême* contre la maîtresse de pension protestante chez laquelle se serait opéré ce changement de religion. Il existe à Paris des pensions dirigées par des dames protestantes. Je suppose qu'un catholique y mît ses trois filles, qu'il ne conduisît jamais les deux aînées dans une église catholique, qu'il permît, qu'il prescrivît même que la troisième assistât à tous les exercices du culte pratiqué dans la maison (c'est ce qu'a fait M. Lovelay à l'égard de sa jeune nièce); que l'aînée, enfin, changeât de religion et se conduisît comme a fait mademoiselle Emilie Loveday; je suppose ensuite que ce catholique vous présentât une pétition semblable à celle de M. Loveday: vous la rejetteriez avec indignation, et tous les catholiques de France répéteraient avec vous: « Comment
« un père, qui a laissé deux de ses filles sans culte,
« peut-il se plaindre qu'elles aient obéi au sentiment le
« plus profondément gravé dans le cœur humain, à
« la nécessité où se trouve un être intelligent d'élever
« sa pensée vers son Créateur, et que, voyant leurs
« compagnes adresser des prières à Dieu, elles aient
« chanté les mêmes cantiques? »

Bien loin que les catholiques accusassent de *rapt de séduction* la dame protestante, chez laquelle se serait opérée une pareille conversion ; ils reconnaîtraient que la conduite de cette dame, en ramenant ses élèves de l'athéisme pratique, ou même de l'indifférence de toute religion à une des communions chrétiennes, avait fait une action moralement bonne et digne de louanges. L'Eglise déplore la séparation des protestans, mais elle se réjouit des rares conquêtes qu'ils font sur le scepticisme ou l'indifférence des religions ; et elle considère comme une de ses plus précieuses propriétés, les excellentes apologies de la religion chrétienne qui ont été composées par des protestans, et notamment par des anglicans. Il n'y eut pas un bon catholique en Europe qui ne rendît grâces au Ciel lorsque le célèbre lord George Lyttelton (1) fut ramené, par la lecture d'un chapitre des Livres Saints, du scepticisme à la religion chrétienne, quoiqu'il ne passât pas jusqu'à la foi catholique.

Je conclus, Messieurs, de ce qui a été dit ci-dessus, que vous rejetteriez, à l'unanimité, la pétition d'un catholique qui, dans de pareilles circonstances, se plaindrait à vous que sa fille est devenue protestante, comme le ferait la Chambre des communes d'Angleterre, si on lui présentait une semblable pétition. On agirait de même dans tous les pays, et M. Loveday et son avocat (2) le savent parfaitement.

---

(1) Lord Lyttelton nous a laissé un précieux monument de sa conversion dans son écrit intitulé : *la Religion Chrétienne démontrée par la conversion et l'apostolat de Saint-Paul*, ouvrage traduit en français par le célèbre auteur des *Lettres de quelques juifs à M. de Voltaire.*

(2) Depuis que ce discours a été publié dans les journaux, il m'est tombé dans les mains la traduction anglaise de la pétition de M. Loveday, deuxième édition, *ornée* de dix gravures. On lit

Aussi, Messieurs, n'est-ce pas une pétition qui est sous vos yeux ; c'est un libelle contre la religion catholique, par lequel on voudrait en même temps rendre odieux le gouvernement des fils de saint Louis. Le titre des deux premières éditions de la brochure porte qu'on a abusé de la crédulité des trois jeunes étrangères, à l'aide d'*obsessions et de faux miracles*. Ce simple énoncé suffisait aux auteurs du libelle pour atteindre leur but. Un noble pair s'est écrié à ce sujet : « On lit aussi dans la même pétition que l'on cite de nouveaux miracles ; s'il est vrai qu'on en raconte, ces récits ne sont pas indignes de l'attention de l'autorité. »

Quels sont les principaux auteurs ou complices de ces *obsessions*, de ces nouveaux et faux miracles ? Ce sont, suivant M. Loveday et son avocat, deux ecclésiastiques dont ils donnent les lettres initiales : l'un d'eux (1), dans l'une des premières églises de la capitale, au milieu de l'auditoire le plus éclairé qu'ait jamais rassemblé un orateur chrétien, expose successivement depuis plusieurs années les preuves qui servent de fondement à la religion naturelle, à la religion révélée et à la foi catholique : l'a-t-on jamais entendu invoquer de nouveaux miracles ? Pas plus que n'en invoqua Bossuet lorsqu'il

---

dans la préface que l'auteur de la pétition est le *célèbre avocat de la capitale, M. Dupin.*

On voit bien que cette *publication* anglaise a été destinée aux dernières classes du peuple ; on y trouve, au milieu des plus grossières absurdités et des citations de la plus insigne mauvaise foi, une ignorance *affectée*, de ce qui se passe en France, telle qu'on pourrait à peine la supposer si les îles Britanniques étaient aussi éloignées de nous que les îles du Japon.

(1) M. l'abbé Frayssinous, premier aumônier du Roi.

convertit Turenne; ou Fénélon lorsqu'il rappela dans le sein de l'Eglise les protestans de nos provinces de l'ouest; ou nos prêtres déportés et accueillis en Angleterre, lorsqu'ils réfutaient, en esprit de paix et de charité, les objections des ministres anglicans? Disons-le, et personne ne me contredira ici, le nom seul de ce célèbre apologiste de la religion chrétienne prouve la sagesse de Mlle Reboul dans sa conduite à l'égard de Mlles Loveday. L'autre ecclésiastique désigné par sa lettre initiale, a des titres bien respectables aussi (1), il est connu par son dévouement aux plus périlleuses fonctions de son ministère, dans les horribles temps de 1793: se mêlant alors, tous les jours, déguisé, aux satellites *libéraux* qui insultaient aux victimes que l'on conduisait par centaines à la mort, il les exhortait, par des signes convenus, à travers mille dangers; et à mesure que chacune de ces victimes montait à l'échafaud, il remplissait à leur égard la fonction mystérieuse et sublime qu'un Dieu de miséricorde a transmise à ses ministres. Un noble pair (M. de Lally) a parlé de ses liens de famille avec M. Douglas-Loveday; il n'est peut-être pas dans les convenances des députés des communes de faire valoir de semblables rapports; mais je dirai cependant que je pourrais aussi avoir un motif particulier de défendre ces deux ecclésiastiques, puisqu'ils appartiennent l'un et l'autre au département que j'ai l'honneur de représenter.

Ces deux noms étaient mal choisis pour remplir les vues de M. Loveday et de son avocat: mais quels noms sont respectables pour les auteurs d'écrits séditieux et impies!

---

(1) M. l'abbé de Sambucy, maître des cérémonies de la Chapelle du Roi.

Cette même pétition concourt dans ce moment, et pour les mêmes fins, avec un autre libelle impie et séditieux, intitulé, *Almanach du peuple, pour* 1822, que l'on a d'abord vendu 6 sous, ensuite 3, et que l'on distribue actuellement pour rien dans les départemens. J'en ai dans les mains deux exemplaires de différentes éditions. Sur le frontispice, on voit un soldat, nouveau genre de missionnaires, qui donne cet almanach à un paysan.

Vous savez, Messieurs, qu'une édition de la pétition qui nous occupe porte aussi ses gravures. M. Loveday y est représenté entre quatre soldats, forcé, à la porte d'un couvent, de faire une pension à sa fille. Au bas de la gravure on lit ces mots de la pétition : *Sous quatre baïonnettes j'assurai une pension à ma fille.* M. Loveday, appelé devant un juge d'instruction, a été forcé d'avouer que ce fait était faux. Ce désaveu est consigné dans le rapport de la commission de la Chambre des Pairs. Il est d'ailleurs reconnu que M. Loveday se croit dispensé de fournir une pension alimentaire à sa fille, et que la congrégation religieuse qui a recueilli cette jeune étrangère, s'est fait un devoir de lui accorder une hospitalité gratuite : mais la pétition et les gravures n'en courent pas moins nos campagnes, et l'on a appris qu'on la répand de même avec profusion en Angleterre parmi la classe ignorante (1). On voudrait ainsi faire croire, dans les pays protestans, que ce que les réfugiés français ont raconté des *dragonades*, se renouvelait pendant le règne de Louis XVIII, sous le régime de la Charte et au milieu de Paris.

---

(1) *Voyez* la note 2, page 11.

Les manœuvres de ce genre, comme vous le savez, Messieurs, ne sont pas nouvelles. En 1816, M. le procureur-général à la Cour royale de Paris, rendant compte, dans un procès fameux, de la correspondance criminelle d'Edouard Wilson avec son frère Robert, donne ainsi l'analyse d'une des lettres d'Edouard Wilson : « Cet Anglais se plaint de ce que les Bourbons, « n'ayant (alors) aucune force militaire dans les pro- « vinces, il y règne cependant une tranquillité qui peut « dégénérer en une adhésion positive aux vues des « souverains alliés. Il dit que si la nation française, en « général, était fortement indisposée contre les Bour- « bons, on en verrait journellement des démonstra- « tions; que si l'on se propose de renverser l'ordre « actuel des choses, le feu devrait être *toujours entre- « tenu et toujours visible*, comme un rayon d'alarme, « en France et dans l'étranger...... »

« Passant ensuite, ajoute M. le Procureur-Général, aux moyens qui pourraient affaiblir l'attachement du plus grand nombre pour la cause des Bourbons, et insistant sur l'emploi de ses moyens, Edouard Wilson recommande, par-dessus tout, « la persécution réelle ou « *imaginaire* (ce sont ses propres termes) contre les « protestans : idée, ajoute Edouard Wilson, qui gagne « comme un *incendie*, et se répand comme une conta- « gion parmi les peuples en général, et engendre un « esprit de haine mortelle et de mépris pour la nouvelle « dynastie.... » C'est ainsi, qu'il appelle les descendans de saint Louis !..... »

Les amis de M. Loveday ont imaginé, suivant les préceptes de MM. Wilson, cette scène des quatre soldats forçant un protestant à faire une pension à sa fille devenue catholique. Cette scène, ont-ils pu dire, d'après les deux radicaux ses compatriotes, gagnera comme un *incendie*, et produira les effets que les révolutionnaires de tous les pays provoquent contre les gouvernemeus légitimes.

Quand je parle des machinations de ces trois Anglais, je suis bien loin de supposer qu'ils aient les suffrages de la noble nation à laquelle ils appartiennent. C'est au contraire l'Angleterre qui nous donne l'exemple d'une répression forte et efficace contre les livres impies et séditieux; c'est ce pays qui nous offre le modèle d'une association constitutionnelle et éminemment patriotique, pour poursuivre la punition des hommes pervers qui composent et propagent ces livres impies. Les habitans de l'Europe ne sont plus réunis ou divisés par des lignes géographiques, mais par la conformité ou l'opposition des principes. Les *radicaux* anglais, les *teutoniens* d'Allemagne, les *carbonari* italiens, les *liberalès* espagnols, les *libéraux* français, ne forment qu'un même peuple: c'est ce qu'ils proclament dans tous leurs livres, c'est ce qu'annoncent leurs éclats de joie, lorsqu'ils espèrent le succès d'une révolte, soit à Spafield ou à Manchester, soit à Cadix ou dans les *Abruzzes*, soit à Turin, à Grenoble, à Belfort ou à Saumur; ils ont un conseil et des trésors communs, enfin ce qui constitue un peuple parfaitement uni et le plus fortement organisé qui fût jamais. « Une cité (dit le plus grand écrivain politique qu'ait produit l'ancienne Rome), « une cité n'est point la « réunion d'une multitude quelconque qui habite des « maisons voisines les unes des autres; elle consiste « dans l'association de plusieurs hommes liés entre « eux par un intérêt commun..... Toute cité qui pré-

« seule une pareille association, forme ce qu'on appelle « un état (1). » Je ne considère donc pas M. Loveday comme anglais, mais comme appartenant à ce peuple nouveau et si redoutable, qui travaille avec tant de fureur à conquérir la péninsule espagnole sur la vieille chrétienté ; qui, l'année dernière, aurait fait subir le joug à l'Italie, sans la magnanime protection des monarques réunis par la Sainte-Alliance ; qui renouvelle, chaque mois, ses conspirations en France ; qui ne cesse ainsi de prendre *l'offensive*, et qui, en conséquence, d'après les règles infaillibles de tout genre de guerre, si l'on ne changeait de système à son égard, finirait par triompher.

Je ne pense pas, Messieurs, que vous vouliez vous résigner à cette défaite, à cette destruction ; ce serait celle de toutes les monarchies légitimes, de tout gouvernement fondé sur la justice, enfin de toute société.

Vous commencerez, Messieurs, par repousser les proclamations de cet ennemi si dangereux : ces proclamations sont les écrits séditieux et impies que l'on répand en France et jusqu'à l'étranger. De ce nombre est le libelle du sieur Loveday, qu'on n'a qualifié de *pétition* que pour lui donner plus d'éclat.

---

(1) Cicéron, fragmens de la *République*.

CONSIDÉRATIONS

Sur la marche du parti libéral dans les premiers mois de 1822.

(Ces considérations sont le développement de ce que j'ai dit ci-dessus, page 16 : « Les habitans de l'Europe ne sont plus réunis ou divisés par des lignes géographiques, mais par la conformité ou l'opposition des principes. Les *radicaux* anglais, les *teutoniens* d'Allemagne, les *carbonari* italiens, les *libérales* espagnols, les *libéraux* français ne forment qu'un même peuple. »)

Le *peuple libéral*, ou plutôt la *tribu* du peuple libéral, qui prétend être la France, a été défini par un de ses orateurs : c'est le peuple *qui a vu revenir les Bourbons avec répugnance*. Comme c'est ce *peuple* que nous avons à combattre, il faut rechercher quelle est sa force.

On ne retrouvera pas son origine avant la révolution. Le sol de la France nourrissait une nation renommée pour son attachement à ses Rois. Les Etats-Généraux de 1789 furent convoqués : nous avons les *cahiers* des cent soixante-seize colléges électoraux, appelés alors bailliages ou sénéchaussées : il n'y en a pas un seul qui n'exprime les vœux de la France pour la prospérité et la force du gouvernement de ses Rois ; qui ne porte à chaque page les témoignages les plus vifs d'une reconnaissance, d'une vénération, d'un dévouement sans bornes pour le Monarque alors régnant. Une conspiration se forme dans le sein de la nouvelle Assemblée ; les chefs de la conspiration sont quelques hommes déjà fameux par leur perversité. Elle trouve ses trésors dans la fortune d'un prince devenu, par l'infamie de sa vie et par sa lâcheté, l'objet du mépris le plus universel. Ces chefs réunissent autour d'eux tous les scélérats de la France et même des pays voisins. Le Roi le plus aimé de son peuple est bientôt placé au rang des martyrs.

Après vingt ans de crimes et de malheurs, dont il y a à peine quelques familles qui n'aient été les victimes, les souverains de l'Europe délivrent la France de la plus intolérable tyrannie. Ici je n'employerai plus que des pièces authentiques.

Le 4 avril 1814, le gouvernement provisoire, formé par le Sénat, publia une *adresse* au peuple français. On y lit ces mots : « Enfin, cette tyrannie sans exemple a cessé : les puissances « alliées viennent d'entrer dans la capitale de la France. *Napoléon* « nous gouvernait comme un *roi de Barbares.* (1) *Alexandre*, « et ses magnanimes alliés, ne parlent que le langage de l'hon- « neur, de la justice et de l'humanité. Ils veulent réconcilier « avec l'Europe un peuple brave et malheureux. . . . . « Qu'à l'abri d'un *trône paternel*, *l'agriculture épuisée refleu-* « *risse; que le commerce*, *chargé d'entraves*, *reprenne sa* « *liberté*; (2) que la jeunesse ne soit plus moissonnée par les armes « avant d'avoir la force de les porter : que l'ordre de la nature « ne soit plus interrompu, et que le vieillard puisse espérer de « mourir avant ses enfans !.... »

S. A. R. MONSIEUR fait son entrée à Paris le 14 avril. Ce même jour, le Corps-législatif lui adresse ces paroles : « Les « longs malheurs qui ont pesé sur la France sont enfin arrivés à « leur terme : le trône va être occupé de nouveau par les des- « cendans de ce bon Henri, que le peuple français s'approprie « avec orgueil, comme avec amour ; et les membres du Corps- « Législatif se glorifient d'être aujourd'hui, près de Votre Al- « tesse Royale, les interprètes de la joie et des espérances de « de la nation..... »

---

(1) « Il est impossible de mesurer le génie de l'*immortel Napoléon.* » Discours de M. de *Chauvelin*, séance du 29 janvier 1822.

(2) « L'agriculture doit toute sa richesse à la révolution, l'industrie son plus « bel élan au gouvernement impérial. » Discours de M. *Lafitte*, séance du 15 avril 1822.

Le 21 avril, le Corps-Législatif délibéra d'envoyer la grande députation, de vingt-cinq membres, au-devant du Roi. La députation fut reçue, par Sa Majesté, au château de Compiègne. Voici les premiers mots du discours adressé au Roi, par le président de la députation : « Votre Majesté se retrouve enfin au « milieu de cette France, qui lui fut toujours si chère. Elle se « voit entourée, pressée par son immense famille; d'innom- « brables cris de joie l'ont saluée à son entrée sur le sol de la « patrie, ils la suivent et l'accompagneront jusqu'à la demeure « désormais consolée de ses augustes ancêtres... (1) » Ce sont de tels témoignages que M. Manuel, après sept ans, vient balancer par son *autorité*, pour nous dire *que la France a reçu les Bourbons avec répugnance !*

Le Roi donna la Charte. L'acte du sénat du 6 avril, intitulé *Constitution française*, portait pour premier article, que le *gouvernement* français était monarchique et *héréditaire de mâle en mâle par ordre de primogéniture*. S. M. Louis XVIII ne voulut pas que la *loi salique* fût publiée de nouveau après quatorze siècles. Il savait que cette loi, le fondement de la monarchie, la cause de sa durée et de sa gloire, *était gravée dans le cœur des Français*.

L'assemblée constituante avait osé imposer à Louis XVI et à la France une constitution, à la tête de laquelle était cette même déclaration de l'hérédité du trône. Le refus de S. M. Louis XVIII de l'insérer dans la Charte, prouve combien ce fils de saint Louis avait la conscience de l'assentiment *des Français* (2). Il n'y avait

---

(1) Cette adresse avait été votée à l'*unanimité*. Voici ce qu'on lit dans le procès-verbal du Corps Législatif du 22 avril 1814 : « En exécution de l'arrêté pris « dans la séance d'hier, *tous* les membres du Corps Législatif ayant manifesté *un* « *égal empressement* pour se rendre auprès de S. M., il a été procédé, par la « voie du sort, à la nomination de MM. les députés qui composeront la députa- « tion chargée de présenter au Roi l'adresse qui vient d'être *unanimement* votée « dans cette séance. »

(2) Dans la Commission nommée pour la réduction définitive de la Charte, j'ai entendu proposer, (et certainement dans de bonnes intentions), d'y insérer l'art. de l'acte du sénat sur l'hérédité du trône. S. M. persista à le refuser : et sera-t-il permis de dire qu'une si haute vue ne pouvait appartenir à des ministres, surtout dans

que les hommes coupables des crimes de la révolution qui eussent vu *revenir les Bourbons avec répugnance*. Le suprême législateur ne devait pas s'occuper de ces hommes: et la postérité pourra toujours citer la sécurité parfaite du monarque sur ses droits héréditaires comme la meilleure défense de la nation française contre les injures et les calomnies inventées si tard par M. *Manuel* et ses amis.

Les témoignages d'amour, de fidélité pour Sa Majesté et son auguste Famille, ne cessèrent de se manifester pendant toute l'année 1814. Ce fut le Corps-Législatif qui prit l'initiative pour établir la *liste civile*, et même pour payer les dettes contractées par Sa Majesté et les Princes pendant leur absence. Nos frontières fermées depuis tant d'années se rouvrirent pour notre commerce: les fruits de l'agriculture et de l'industrie retrouvèrent leurs débouchés naturels; l'aisance, le repos, la prospérité des familles formèrent le tableau de la première année de la restauration.

Cependant ces hommes engraissés du sang de nos *conscrits*, qui avaient possédé des duchés, des principautés de 2, 3 et 500,000 f. de rente, en Espagne, en Portugal, en Italie, en Allemagne, ou même une *starostie* en Pologne de 700,000, se trouvaient fort déchus au milieu du bonheur commun: les militaires qui avaient eu aussi des *dotations* en pays étrangers, et qui avaient espéré d'avoir à leur tour des principautés et des duchés, conspirè-

les circonstances des temps. L'histoire remarquera que la France doit aussi au Roi d'avoir conservé le titre héréditaire des descendans de Henri IV, *roi de France et de Navarre*, au lieu de celui de *roi des Français*, que la révolution donna et reprit à Louis XVI, et que l'on avait osé proposer et même *prescrire* à son successeur (acte du sénat, art 29).

Depuis qu'on oppose les cris de *vive la Charte* aux cris de *vive le Roi*, on a entendu quelques personnes regretter que la *loi salique* ne fût pas dans la Charte. Mais est-ce avec une ligne écrite sur le papier que l'on défend les trônes héréditaires? C'est avec les cours de justice criminelle et avec les armes; et les armes seront toujours inutiles en France, quand le Roi aura de fidèles ministres. D'ailleurs, les gens qui font crier *vive la Charte*, ne font-ils pas crier en même temps *vive l'empereur*, *vive la république*, c'est-à-dire vivent tous ceux qui veulent envahir le pouvoir, et asservir leur patrie?

rent avec leur ancien chef si imprudemment relégué à l'île d'Elbe, (1) et le ramenèrent dans Paris, au milieu de la France consternée. C'est à cette époque qu'il faut examiner les forces du *peuple libéral* : car c'est pendant les *Cent Jours* qu'il s'est *constitué*.

Bonaparte voulut avoir des députés pour son *champ de mai*, ou sa *Chambre des représentans*, afin de montrer quelque adhésion de la nation. Quoique la conspiration armée eût livré la France au pouvoir despotique de l'usurpateur, et qu'il n'eût pas laissé en place un seul administrateur qui ne lui fût dévoué, il y eut des départemens où l'on ne put pas faire d'élections ; dans d'autres, des députés furent nommés par des colléges de dix et même de sept membres. Dans la patrie de M. *Manuel*, le *peuple* qui avait vu rentrer les Bourbons avec *répugnance*, et qui avait vu, en conséquence, revenir Bonaparte avec contentement, ne donna que quatorze électeurs, dont la majorité nomma ce *représentant*. (2)

Bonaparte ordonna une conscription de 300,000 hommes ; presque tous les départemens se refusèrent à cette levée ; il y en eut (celui de l'*Aveyron* est du nombre) qui ne lui fournirent pas un seul *conscrit*. A la nouvelle de la déroute de *Wa*-

(1) M. de La Fayette nia cependant cette conspiration dans son fameux discours sur la loi des élections, prononcé le 17 mai 1820. « Oui, Messieurs, dit-il, « ce ne furent, à mon avis, ni les intrigues et les ambitions du parti impérial, « ni les chefs militaires ou civils de cette époque de conquêtes et de despotisme « qui amenèrent le 20 mars. Il fut dû au mécontentement, etc. » Il faut donc donner des preuves de la conspiration ; il y en a par milliers. Nous n'en citerons qu'une seule : elle est rapportée dans le jugement du conseil de guerre prononcé contre le général Lefebvre-Desnouettes :

« Suit une lettre de l'accusé au prince d'*Eckmuhl*, ainsi conçue :

Paris, le 14 avril 1815.

« Monseigneur, il est à ma connaissance que depuis long-temps le général « R....... s'occupait *avec nous* des moyens de seconder le retour de S. M. Ce « brave général a nécessairement été induit à de fortes dépenses, soit pour se « ménager des intelligences sur plusieurs points, soit pour s'assurer de l'esprit « des troupes et des personnes indispensables à l'exécution du projet..... »

(2) Trois mois après, ce *même* collége électoral des *Basses-Alpes* réunit cent deux électeurs qui nommèrent député M. de le baron de *Vitrolles*.

terloo, la joie fut dans toute la France. Le drapeau blanc fut arboré successivement dans tous les départemens, et S. M. fut reçue dans Paris avec plus d'enthousiasme encore qu'à la première restauration.

Que devint alors le *peuple libéral?* Il avait envoyé des plénipotentiaires aux souverains alliés pour demander le Roi qu'on voudrait lui donner, pourvu que ce roi ne fût pas un *Bourbon*. Quelques gardes nationaux fermèrent les portes de la Chambre des Députés, et il n'y eut pas trace du *peuple libéral* en France tant que dura la Chambre de 1815.

M. le vicomte de Châteaubriand a peint ce qui s'est passé depuis : il a montré comment ce *peuple* recouvra l'existence, et par quelle merveille il a pu traiter depuis les royalistes *en vaincus*. Cet illustre pair de France écrivait à la fin de 1816 :

« Le système des intérêts *moraux* révolutionnaires s'étend, et « avec lui s'accroît cette espèce de conspiration *morale* contre la « légitimité, dont les suites seront si funestes. Encore quelques « mois, et la lassitude des uns et la puissance des autres ne lais- « seront plus de doute sur ce qui doit arriver. Déjà la partie pa- « raît si sûre à ceux qui la jouent, qu'ils n'ont plus d'humeur « contre leurs adversaires; ils les regardent en pitié. Les calom- « nies contre les princes redoublent; on achève de chasser les « royalistes de toutes les places; plusieurs préfets sont menacés et « tomberont; quand on aura *épuré* les administrations, on en « viendra à *épurer* l'armée, à éloigner les militaires soupçonnés « d'être trop attachés à la cause de la Monarchie légitime; et j'en « conviens, le plan arrêté, ce serait une faute aux chefs de ne pas « faire tout ce qui doit en assurer le succès.

« La manière dont on a remué la fange révolutionnaire, de- « puis la dissolution de la dernière Chambre des Députés, a « prodigieusement augmenté le mal. Me suis-je trompé, lorsque « j'ai dit que le cri de joie de nos jacobins avait été entendu de « leurs frères et amis dans les pays étrangers? Qu'on lise le *Mor-* « *ning-Chronicle*, le *Nain Jaune* (imprimé dans le royaume « des Pays-Bas), et les journaux allemands, le contre-coup des

« mesures de la police, pendant nos dernières élections, vient « de se faire sentir à *Spafields* : le bonnet rouge et le drapeau « *tricolor* sont devenus les enseignes de la populace de Londres. « Telles sont les obligations que l'Europe a déjà à la haute « politique de ces profonds génies qui soutiennent le système « des intérêts moraux révolutionnaires..... »

A la fin de 1817, le noble pair adressait ainsi la parole aux ministres, qui persistaient dans leur système : « Et pourquoi « attaque-t-on les royalistes avec tant de courage ? Pourquoi ? « parce qu'ils ne se défendent pas ! Leur vertu les perd ; leur « honneur fait leur faiblesse. On les frappe sans crainte, sûr que « l'on est qu'ils ne repousseront jamais les coups qu'on leur « porte au nom du Roi..... J'avais dit (1) : faites des royalistes. On « a mieux aimé faire autre chose. Tel qui, au retour du Roi, se « serait estimé heureux d'être oublié, a appris qu'il était un « personnage, et qu'on parlait de lui donner des garanties. D'a- « bord, il n'osait se montrer ; il sollicitait humblement les amis « du trône de lui obtenir son pardon ; voilà qu'on lui déclare « que c'est à lui à protéger les amis du trône. (2) Tout étonné, il « sort de sa retraite, il en croit à peine ses yeux, il est persuadé « qu'on se moque de lui ; mais enfin il reconnaît, sans pouvoir « le comprendre, que la chose est très-réelle, très-sérieuse ; « que c'est à lui qu'appartiennent les récompenses et les honneurs ;

(1) Dans son mémorable ouvrage intitulé : *La Monarchie selon la Charte.*

(2) M. le général Lafont a dit quatre ans après, dans la séance du 28 mars 1822 « Sans doute beaucoup d'hommes qui ont été éloignés de l'armée, auraient pu y « reparaître s'ils eussent invoqué la justice et la bienveillance du Roi ; mais ces « esprits orgueilleux ne veulent pas se courber sous la *clémence royale.* » (Explosion de cris à gauche ; tous les généraux se lèvent et frappent sur leurs bancs.

« M. le général Foy : *Voilà la chose la plus indigne qu'on ait jamais dite !* »

« M. le général Gérard : *Dites-vous cela pour moi ?* »

« M. le général Foy : *Nous n'avons pas besoin de clémence.*

« M. le comte de Lameth : *A l'ordre ! à l'ordre !* »

« M. le général Sébastiani : *L'armée ne sollicite pas des lettres de grâce.* »

On voit que *l'armée* veut dire ici, les généraux qui, le 20 mars sont allés au-devant des régimens encore obéissant au Roi, en leur criant *vive l'Empereur !* et qui parvinrent avec tant d'efforts à opérer leur défection !

« que lui seul est un esprit éclairé, un homme habile, un grand « citoyen. Il accepte avec dédain ce qu'on lui offre avec empres- « sement. Bientôt, il devient exigeant ; il parle de ses droits ; « c'est lui qui est l'opprimé, le persécuté. Il réclame ; il n'est « pas satisfait : il ne le sera que lorsqu'il aura renversé la mo- « narchie légitime..... »

De semblables avertissemens furent inutiles. En 1818, les royalistes persécutés par le Gouvernement, virent qu'il était inutile de paraître aux assemblées électorales. Tous les chefs de la Chambre des cent jours entrèrent dans la Chambre des députés, notamment les trois députés des cent jours, qui avaient été envoyés vers les souverains alliés, pour demander tout autre souverain qu'un Bourbon; enfin les deux rédacteurs de la *Minerve*. Bientôt le ministère tomba au pouvoir de la faction. Les régicides et les auteurs principaux du 20 mars bannis par l'ordonnance du 24 juillet 1816, furent rappelés. La proposition de la Chambre des Pairs, relative à la loi des élections, fut rejetée. La Chambre des Pairs de Bonaparte aux cent jours fut introduite dans la Chambre des Pairs de France; un régicicide fut nommé député. Enfin tous les fonctionnaires royalistes furent remplacés par des révolutionnaires. Cette effroyable *saturnale* se termina dans la nuit du 13 février 1820.

A cette époque d'horrible mémoire, le dernier ministère prit les rênes du gouvernement. Il trouva la révolution triomphante et la monarchie si complètement minée dans toutes ses bases, qu'un mois plus tard on aurait pu tenter de lui faire éprouver le sort de l'Espagne. Qu'imagina ce ministère dans une si terrible possition? Ce fut de garder le *milieu* entre la révolution et la monarchie : on ne vit point replacer les fonctionnaires destitués : les généraux *Donadieu* et *Canuel*, ces grandes victimes de la ligue d'un ministre avec la révolution, restèrent dans le même état d'oppression ; et de pareils exemples suffirent pour montrer à tous quel était l'esprit du ministère. Dans la dernière discussion sur les lois de la presse, un orateur de cette Chambre, remarquable par sa singulière perspicacité et le bonheur de ses expressions, a peint à merveille cette administration : « La censure, vous disait-il, était « de rigueur pour la politique *stationnaire* des anciens ministres. « L'administration d'alors ne voulait ni avancer ni reculer; elle « craignait toute impulsion à droite et à gauche; il fallait que la « France, imitant son attitude, restât en *catalepsie*, sans mou- « vement, sans action........ Ce ministère effrayé du développement « *trop hâtif* que pouvaient prendre *les germes de liberté* déposés « dans la Charte, voulait suspendre la rapidité de l'effet, mais sans « avoir l'intention de faire disparaître la *cause* (1). »

Aussi ce ministère conserva-t-il précieusement cette *cause*, c'est-à-dire l'exercice de toutes les fonctions publiques entre les mains des hommes qui ne veulent point de la Charte telle que le monarque nous l'a donnée, mais qui prétendent en tirer des *germes de liberté*, dans le sens de la *coalition* des *libéraux* avec le ministère en 1819, avec ses conséquences infaillibles (quoique, j'en suis convaincu, le dernier ministère ne les voulût pas, et ses efforts pour faire passer la loi des élections de 1820 l'ont prouvé), la destruction de la monarchie.

C'est dans cet état que le dernier ministère a légué l'administration de la France au ministère actuel. On a voulu faire regarder comme un jugement de la *nation* contre les nouveaux ministres, les choix de députés *libéraux* faits le premier mois de leur administration : ces choix ont tous été l'ouvrage d'une majorité formée par l'influence des fonctionnaires publics. Ce ne sont que les forces du gouvernement lui-même, restées aux hommes du parti depuis son alliance intime avec le ministère, qui ont pu faire certaines nomi-

(1) Discours de M. de *Saint Aulaire* du 4 février 1822. Ce discours est à mon avis le plus instructif qui ait été prononcé pendant toute cette session : Voyez encore ces mots sur le dernier ministère... « Le ministère a recueilli comme il « a semé. Il a demandé à la nation son indifférence; il l'a obtenue : on l'a vu « tomber, comme on l'avait vu passer, sans que personne étendît la main pour « le soutenir. Et ainsi un grand exemple est venu témoigner que les *théories* « *du gouvernement représentatif ne sont pas des combinaisons arbitraires* « *de l'esprit;* elles sont fécondes en résultats; elles condamnent irrévocablement « à la mort toute administration, qui s'isolant des masses, croit pouvoir exé- « cuter seule le bien qu'elle médite... »

nations (1). Le choix fait, *par la Vendée*, du député qui a dit que *la France avait reçu les Bourbons avec répugnance*, dispense de toute autre preuve; et l'immense population de la ville de Paris en appellerait des conséquences qu'on voudrait tirer de certains choix à la manifestation de la joie universelle qu'elle a montrée aux yeux de l'Europe à l'époque de la première et seconde restauration.

On doit juger uniquement les forces de ce parti sur celles qu'il montre, lorsque ses chefs, du haut de la tribune, provoquent son *énergie*. Des conspirations ont été tentées sur plusieurs points dans l'espace de quelques mois; il est remarquable qu'on a vu partout les mêmes agens. Ce sont des hommes traduits devant la justice, pour la conspiration du 19 août, qui ont reparu dans les tentatives de *Saumur*, de *Belfort*, même dans les séditions de Paris; ailleurs, c'est en répandant de l'argent que la faction a trouvé des *sicaires*, dont les armes sont *le poignard et la torche des incendiaires*. Nulle part elle n'a pu séduire ni *un village*, ni *une compagnie de soldats*. Voilà toutes les forces réelles de la *France*, dont a parlé M. *Manuel* : de la *France* qui a vu *revenir avec répugnance* les fils de saint Louis et de Henri IV.

---

(1) Pour juger cette puissance des fonctionnaires publics, il faut remarquer que les *Contributions indirectes* ont 40,000 agens, les douanes 20,000; et voyez ensuite ce que peut faire un *Inspecteur-général* de ces administrations, qui serait en même temps *Inspecteur-général* du *Comité-directeur*.

Il y a plusieurs percepteurs des *Contributions directes* dans chaque canton; jugez quelle influence peuvent exercer des receveurs généraux et particuliers, qui tiennent le sort de ces percepteurs dans leurs mains; joignez-y les principaux fonctionnaires de l'administration de l'*enregistrement*, qui exercent leur pouvoir jusque sur le dernier notaire de village.

Voyez ensuite quelle peut être l'influence des maires, des juges de paix et de leurs greffiers, qui ont remplacé les royalistes, et dont le choix est le fruit du travail continuel de certains préfets depuis 1816 et particulièrement en 1819; et vous jugerez combien la France royaliste doit être forte pour avoir résisté à de semblables combinaisons!

Remarquez toutefois que l'opinion a succombé au *système*, en beaucoup de lieux. Il y a des préfets, encore en place, qui ont fait ces *épurations* avec un tel succès, que dans leurs départemens, excellens il y a cinq ans, on aura de la peine à obtenir de médiocres élections.

REMARQUES

sur quelques Discours prononcés dans les premiers mois de 1822.

Discours de M. B. Constant, prononcés dans les séances des 29 et 30 janvier.

Depuis la *coalition* du ministère avec la révolution, les orateurs et les écrivains *libéraux* n'ont cessé de rappeler la révolution anglaise qui mit fin à la dynastie des Stuarts. Enfin, le 29 et le 30 janvier dernier, cette révolution fit le texte de deux longs discours, écrits, de M. B. Constant, qui remplirent presque en entier ces deux séances. Il est utile de citer littéralement la fin du second de ces discours :

« L'assemblée, (la Chambre des Communes, à laquelle il comparait la majorité de notre Chambre actuelle), n'en poursuivit « pas moins sa course furieuse. En même temps, des tribunaux « contre-révolutionnaires livraient à la proscription et à la mort « *les plus honorables citoyens*, *les plus purs amis de la* « *liberté*. Alors périrent *Essex*, et *Russel*, et *Sidney*...... Alors « l'Angleterre fut le théâtre de la persécution et de l'esclavage. « Qu'arriva-t-il, Messieurs? l'oppression dura quelques années.... « Cette lutte fut terminée par l'expulsion des Stuarts. »

Or, quelle était la révélation que faisait là M. B. Constant? quels étaient ces *plus honorables citoyens*, ces *plus purs amis de la liberté?* Il n'y a qu'à jeter les yeux sur l'historien dont M. B. Constant lut un long passage dans la séance du 29 janvier : « Bientôt, dit Hume, (1) les conspirateurs recommencèrent un

(1) La citation que je fais ici est une nouvelle preuve de ce que j'ai dit dans mon avertissement. La majorité laissa lire des pages d'*Hume* à M. B. Constant ; mais qu'un membre du côté droit eût voulu continuer cette lecture, comme je le fais ici, elle ne l'aurait pas supporté, et avec raison, parce qu'elle veut que les discussions et les sessions aient une fin.

« plan régulier de soulèvement. Il se forma un conseil de six « personnes, *Montmouth*, *Russel*, *Essex*, *Howard*, *Algernon Sidney*, et *Jean Hampden*, petit-fils du grand chef « parlementaire. Ces chefs, d'un parti *fort humilié*, entrèrent en « convention avec le comte d'Argyle et tous les autres méconteus « d'Ecosse, qui s'engagèrent, sous promesse de 10,000 livres sterlings pour acheter des armes et des munitions en Hollande, à mettre « les *covenantaires* en campagne. Il devait aussi se faire des soulèvemens dans le comté de Chester et dans les comtés de l'Ouest, « pour échauffer celui de la capitale; et les chefs tinrent quelques « assemblées où tous ces projets reçurent leur dernière forme. « Mais ces guides populaires différaient essentiellement par leurs « vues. *Sidney* était passionné pour la république, *Essex* avait « embrassé le même plan; *Monmouth* avait conçu l'espérance de « s'ouvrir un chemin au trône; *Russel* et *Hampden*, attachés « à l'ancienne constitution, ne se proposaient que l'exclusion du « *duc d'Yorck*; *Howard* était un homme sans principes, et tou« jours prêt à se déclarer pour le parti dans lequel on pourrait lui « faire trouver ses avantages. Malgré cette différence de caractè« res et de vues, leur haine commune contre le *duc d'Yorck* et « l'*administration présente* les réunissait dans un même parti, « et la dangereuse voie du soulèvement fut embrassée sans re« tour. »

Tous les historiens sont d'accord sur les projets des conspirateurs; et *Hampden*, l'un des complices, qui n'avait été condamné qu'à une forte amende, non seulement avoua, mais célébra la conspiration, en plein Parlement, dans les premiers jours du règne de Guillaume III. « L'arrivée du roi Guillaume, dit-il, n'a « été que la continuation du *Conseil des Six*. »

Lorsque, l'année dernière, M. B. Constant fit son fameux voyage de Saumur, il ne manqua pas de dire aux nombreux *amis* qui vinrent le fêter dans cette ville, ce qu'il a professé depuis à la tribune. Il leur dit certainement qu'ils devaient être *d'honorables citoyens*, *de purs amis de la liberté*, tels que les partisans d'*Essex*, de *Russel* et de *Sidney*.

Le mois de février de cette année, onze officiers ou sous-officiers de l'école d'équitation de *Saumur* ont été traduits devant un conseil de guerre, comme prévenus d'être auteurs, complices ou non révélateurs d'un complot tramé à l'école de *Saumur*, qui aurait eu pour but de *renverser le gouvernement du Roi*, de *changer l'ordre de successibilité au trône*, et *d'exciter les citoyens à la guerre civile.* C'est précisément ce que voulaient faire *Essex* et *Sidney*.

Dans la séance, du 21 février, de ce conseil de guerre, *Lemaître*, l'un des accusés, a dit que *Sirejean*, autre accusé, lui avait cité, comme étant du complot, les généraux *Berton*, *La Fayette* et M. *Lafitte*. *Lebrun*, autre accusé, a déclaré que *Sirejean* lui avait dit que les généraux *Berton* et *La Fayette* étaient de la conspiration.

Si ces accusés avaient dit vrai, MM. *Berton*, *La Fayette* et *Lafitte* auraient été de dignes imitateurs d'*Essex*, de *Howard* et de *Sidney*. Deux jours après cette déclaration de deux accusés, (le 23 février) le général *Berton* entre dans *Thouars*, avec une centaine d'hommes, portant le drapeau *tricolore*, et criant *vive l'Empereur!* Il fut alors prouvé que *Lemaître* et *Lebrun* avaient dit vrai *sur Berton* (1); mais d'après la doctrine de M. B. Constant, les tribunaux qui le condamneraient seraient des *contre-révolutionnaires*, et les *autorités*, choisies avec tant de soin depuis 1816 jusqu'en février 1820, et conservées religieusement par le ministère suivant, s'attireraient le même reproche si elles ne facilitaient pas la retraite de *Berton* et de ses amis sur le quartier-général des *plus honorables citoyens* (2) où se trouvaient déjà *Montarlot* et *Nantil*.

---

(1) Devant le nouveau conseil de guerre, un témoin, le brigadier *Bouvru* a déclaré que *Delon* lui avait dit que M. *Lafitte* fournirait les fonds. Un autre témoin, le maréchal-de-logis *Carnillon* a déclaré que *Delon* lui avait dit que le *général La Fayette serait à la tête*, et que M. *Lafitte* fournirait un million.

(2) La justice ne nous permet pas cependant de confondre les *Sidney* et les *Russel* avec les révolutionnaires actuels. Un seul mot suffira pour distinguer les

On pense bien que le plus grand intérêt de M. B. Constant pour le succès de ses *théories*, est de conserver en tous lieux de *bons* fonctionnaires publics. On a rappelé, dans la séance du 9 avril, tous les soins qu'il s'était donnés en 1819, pour les faire nommer à sa dévotion dans le département de la *Sarthe*; et M. Dudon cita en preuve les lettres de M. B. Constant et celles de son collègue M. de La Fayette. Dans la séance suivante, M. B. Constant voulut expliquer ces lettres, et il s'exprima ainsi : « Je ne « puis affirmer que telles aient été mes paroles ; mais loin de ré« tracter l'opinion qu'elles expriment, je déclare que telle a été « et telle est encore aujourd'hui mon opinion...... La France a été « gouvernée en 1815 d'une manière fâcheuse, violente et cruelle; « il était donc tout simple que je demandasse l'éloignement des

---

hommes et les temps. Lorsque le prince d'Orange marchait sur Londres, Jacques II voulut convoquer les pairs et prendre leurs conseils ; il rencontra le vieux comte de Bedfort, père de lord *Russel*. « Milord, lui dit le roi, vous « êtes un honnête homme ; vous avez beaucoup de crédit parmi les pairs, vous « pouvez aujourd'hui me rendre service auprès d'eux. » — *J'avais autrefois* « *un fils*, répondit le comte, *qui aurait pu servir Votre Majesté dans cette* « *occasion*. »

Supposez un *20 mars*, et mettez dans la bouche d'un parent des *Sidney* et des *Russel* modernes une réponse semblable à celle du comte de Bedford, vous verrez combien cette comparaison ambitieuse est complétement ridicule.

Les auteurs de la révolution de 1688 qui eurent les vues de lord Russel, non celles de Sidney, voulaient la garantie des anciennes lois du pays et de la religion de l'Etat, ils conservèrent le principe de la succession au trône en appelant les plus proches héritiers des derniers rois dans la ligne protestante. Les révolutionnaires français sont les ennemis déclarés de la religion de l'Etat, et ils nous donneraient pour toute constitution l'anarchie tyrannique des *Cortès*, et aux cris de *vive le roi !* ils substitueraient les cris de *vive* leurs *Riego !*

Ajoutons que rien ne se ressemble moins, sur tous les points, que cette époque de l'histoire d'Angleterre (1) avec nos temps actuels. Jacques II vit réunies contre son gouvernement jusqu'aux puissantes familles qui avaient fait la *restauration*, enfin jusqu'à ses propres enfans; et malgré les avis réitérés de Louis XIV, ce ne fut qu'au dernier moment qu'il voulut reconnaître que ses deux principaux ministres dirigeaient eux-mêmes la conspiration. M. B. Constant ne pouvait plus mal choisir son temps pour développer à la tribune une semblable comparaison.

(1) Ce point d'histoire et l'importante question politique qui s'y lie, ont été admirablement traités par M. Burke, dans les 60 premières pages de son Livre sur la *Révolution Française*. M. Burke répondait à quelques hommes qui déjà cherchaient des rapprochemens entre la révolution française et la révolution de 1688 (Paris, Ad. Egron).

« hommes qui avaient gouverné la France de cette manière......
« Ce que nous demandions, c'étaient plutôt des *réintégrations*
« que des *destitutions.* » (1)

Remarquons que c'était les fonctionnaires publics des cent jours qui avaient été *destitués* en 1815, et par conséquent c'était leur *réintégration* que demandaient MM. de La Fayette et B. Constant. Or, voyons de quelle manière les fonctionnaires publics avaient été choisis à cette époque; nous en avons un monument précieux dans quelques lettres de Bonaparte à son ministre de l'intérieur Carnot. Nous les rapporterons pour unique réponse à M. B. Constant.

Du 27 mars 1815.

« Mon intention est de réorganiser la garde nationale dans

---

(1) Pour ne laisser aucun doute sur les paroles de M. B. Constant, nous allons citer ses lettres et celles de son ami telles qu'elles sont rapportées dans le journal officiel du parti, *le Constitutionnel* (feuille du 13 mars 1821.)

Lettres de M. de La Fayette à M. Goyet (de la Sarthe).

Du 10 avril 1819.

« Le *directeur-général* est convenu avec nous que tout le personnel adminis-
« tratif du département formait au-dessus de la population une croûte adminis-
« trative, qu'il était nécessaire de *rompre* au moins sur plusieurs points. »

Du 11 mars 1819.

« J'ai fort insisté, s'il est absolument impossible d'avoir à présent le général R***,
« pour qu'on nous donnât un vieux général qui se fût battu à *Waterloo*, et qui
« pût avoir la confiance des *patriotes.*

« J'espère que le Rhône nous a donné M. de *Corcelles*, commandant de la
« garde nationale de Lyon, pendant les cent jours, et récemment revenu de
« proscription; homme très-distingué sous tous les rapports. Nous avons bien
« fait de défendre la *loi des élections.* »

Lettres de M. Benjamin-Constant.

Du 18 mars 1819.

« Et d'abord, causons des destitutions. *La Fayette* vous a mandé notre con-
« versation avec *Guizot*. Toute la députation a été bien. Hardouin a parlé comme
« nous, avec plus de connaissance des localités. *Guizot* nous a dit une chose
« très-*raisonnable*. Demander des destitutions sans proposer les remplaçans, c'est
« chose illusoire. Il faut, à côté du nom de l'homme à destituer et des faits qui
« le rendent destituable, placer l'homme à nommer et les faits qui motivent sa

« toutes les parties de l'Empire; il faut la faire commander par « des officiers réformés, ou par des personnes sur le patriotisme « desquelles on n'ait aucun doute. Cette opération est si impor- « tante, qu'aussitôt qu'il sera possible, je désire avoir votre « rapport sur l'organisation de votre bureau des gardes nationales, « qui sera chargé de tous les détails et des nominations à tous les « emplois.

« Cette opération est urgente et doit se faire sans délai. Pour « que cette opération marche d'ensemble, il faut que toutes les « autorités soient *épurées.* »

Du 20 avril 1815.

« M. le comte Carnot, je désire que vous m'apportiez ce soir, « avec votre opinion, la rédaction définitive d'un projet de dé- « cret qui contiendra les dispositions suivantes :

« Tous les maires, adjoints et membres des communes, cesse- « ront leurs fonctions au 1er mai.

« Les préfets présenteront sur-le-champ à nos commissaires ex-

---

« présentation. Rien de tout cela n'a été fait. *La Fayette* a dû vous écrire pour « vous demander des noms. J'ai votre réponse, elle n'en indique point. Envoyez- « moi, par voie sûre, les noms de ceux qui *nuisent* au département par leurs « actes et leurs souvenirs, et en regard le nom de ceux que les *libéraux* vou- « draient mettre à la place des premiers. Prenez, dans votre travail, tous les « fonctionnaires à changer, à commencer par M. de Rochemore, (l'officier-gé- « néral commandant le département), et à finir par le juge de paix de...... »

Du 26 avril 1819.

« Je vous dirai d'abord que nous avons eu, le général, MM. Picot, Hardouin « et moi, une longue conférence, et que, s'il n'y a pas quelques destitutions « marquantes d'ici à huit jours, il n'aura pas tenu à nous. J'ai rencontré encore « aujourd'hui M. *Bellille*, (alors préfet de la Sarthe), à la Chambre, et il a dit « au général et à moi qu'il s'occupait de ce qu'il nous a positivement promis. J'espère donc que vous verrez se réaliser au moins une petite partie de ce que « vous désirez. »

Voici comment la *Minerve* s'exprimait, en janvier de cette même année 1819, sur les destitutions demandées par M. le baron Louis. « ...... M. le baron Louis « est le premier qui ait donné ce *noble* exemple. Avant d'accepter le ministère, « il avait cru devoir proposer les conditions : il demandait le changement d'un « *grand nombre* de préfets et de sous-préfets; sa conduite lui a concilié *au plus* « *haut point* l'intérêt général..... »

« traordinaires les nominations à faire en remplacement. Voyez « s'il faut prendre la même mesure pour les juges de paix ; mais « je ne pense pas qu'en général cette classe soit dans le sens du « parti royaliste. Je crois qu'à la prompte exécution de ces me- « sures est *attaché le salut public*. Préparez-moi les instruc- « tions pour les commissaires.

« Ils feront la même opération sur les sous-préfets ; vous me « proposerez un troisième projet de décret, pour que les com- « missaires les renouvellent *tous*.

« Mes commissaires ne s'arrêteront pas là. Ils feront une en- « quête sur les administrations et régies, sur les payeurs, per- « cepteurs, officiers forestiers, employés de l'enregistrement, en- « fin sur *tous ceux qui occupent des places à ma nomination*. « Ils ôteront sur-le-champ *tous* ceux qui ont des dispositions « opposées, et dont le salut public commande le remplacement. (1) »

Ces volontés de Bonaparte furent publiées en forme de *décret impérial* sous le n° 18 du *bulletin des lois* des cent jours. On peut voir actuellement ce que c'était que les réintégrations et les destitutions demandées par M. B. Constant.

Quant à la manière *fâcheuse*, *violente*, *cruelle* avec laquelle la France a été gouvernée en 1815, M. de *Castelbajac* y a répondu dans deux précieux écrits insérés dans *Le Conservateur*, et répandus ensuite dans toute la France, intitulés de la *Chambre de* 1815, et de la *Prétendue terreur de* 1815. M. B. Constant et ses amis n'ont pas pu en attaquer un seul mot.

A l'ouverture de la session dernière, je distribuai à la Chambre quelques pages dans lesquelles je mis ces mots : « M. B. Constant « publie une brochure chaque mois. Il m'a fait une question ; je « lui en adresse une autre : *Quel est l'assassinat politique com-* « *mis en France après l'ouverture des discussions de la* « *Chambre de* 1815, *et que l'on puisse par conséquent attri-*

(1) L'Europe fut obligée d'armer un million d'hommes pour renverser un Gouvernement si fortement organisé. Huit cents hommes avaient suffi pour détruire le Gouvernement de 1814, qui avait laissé les fonctions les plus importantes dans les mains de ses ennemis.

« *buer aux opinions manifestées par les membres de cette* « *chambre?*.... Je garantis que le *député de la Sarthe* ne fera « pas de réponse, et que les *assassinats politiques de* 1815 res- « teront parmi les fictions destinées à orner ses brochures. »

J'invite de nouveau M. B. Constant à charger ses *amis* de Nismes de lui fournir une réponse à ma question d'ici à la session prochaine; et je garantis de même, que ces *amis*, qui cependant ne manquent pas de zèle, ne lui en fourniront point : mais M. de *Girardin* nous a déjà appris ce que c'était que les *crimes de* 1815. « Vous pouvez vous rappeler (nous dit-il dans la séance « du 11 mars dernier) qu'une évasion fameuse (celle dont *Ro-* « *bert Wilson* fut complice) a épargné *un crime à l'histoire* « *de* 1815 (1). » Ce *crime* aurait été l'exécution d'un jugement rendu sur la déclaration *unanime* d'un jury et sur des faits évidens.

---

(1) C'est dans cette même séance que M. de Girardin a appelé *l'Anacréon de la gloire française* l'homme que la Cour royale de Paris a mis en accusation pour des chansons, dont il suffit de connaître les titres : *Mon Curé*, les *Chantres de Paroisse*, les *Capucins*, les *Missionnaires*, le *Concordat de* 1817; Deo gratias, le Bon Dieu.

On lit dans les Mémoires du chevalier *Jean d'Alrymple*, en parlant des conspirateurs dont il a été parlé plus haut : « Les plus redoutables étaient *Essex*, « *Sydney*, *Hampden*, tant parce qu'ils étaient *déistes déterminés* que parce « que les gens qui pensent avoir droit sur leur propre vie, sont maîtres de celle « des autres. » Les *Sydney* modernes n'attentent point à leur vie, et ils se gardent bien de l'exposer jamais. (1) *Sydney* croyait en Dieu, et ses prétendans imitateurs insultent la *foi en Dieu* jusques dans leurs *chansons*. On avait déjà lu, il y a deux ans, dans le Journal de Paris, (feuille du 4 décembre 1819), cette lettre signée *Benaben*, qui avait travaillé à la rédaction de la Minerve : « Je ne révèlerai « point ici le secret de nos querelles domestiques ; je ne dirai point quel auteur « de la *Minerve* s'en vint un jour, tout rouge de colère, me reprocher *d'avoir* « *confessé Dieu*. Je dirai seulement, qu'éclairé par ce trait, je commençai dès- « lors à comprendre ce qu'il y avait de caché sous l'effigie dont la *Minerve* porte « l'empreinte. »

(1) On se rappelle la vive impression que fit sur les deux côtes de la Chambre l'admirable morceau sur *l'épicureisme* de nos directeurs de conspiration, qui termine le discours prononcé par M. de Bonald, dans la séance du 16 février 1822. C'est à la suite de ce discours, que M. de Bonald a placé des Considérations politiques sur notre état présent, qu'on ne saurait trop relire.

Discours de M. LAFITTE, *dans la séance du 15 avril.*

M. *Lafitte*, ancien député de la chambre des cent jours, était généralement connu comme dépositaire des fonds de Bonaparte : un procès récent nous a appris que ce dépôt, ou une partie de ce dépôt, était de cinq millions, sans stipulation relative aux intérêts. M. *Lafitte* a paru pour la première fois à la tribune le 10 février 1817. Il était question de délibérer pour un emprunt représenté par trente millions de rentes. « Trouverez-vous à emprunter, « nous dit M. *Lafitte*? Pour vous, Messieurs, cette question est « décidée par une question antécédente. Voulez-vous remplir « toutes les conditions de crédit? Comme je n'en doute pas, je « réponds d'avance, par ma propre conviction, l'emprunt sera « rempli. Je déclare pour ma part que je suis prêt à souscrire; et « dans la latitude de ma confiance, *je ne m'arrêterai que de-« vant la limite que le gouvernement lui-même m'aura « fixée.* »

Voilà comment M. *Lafitte* prit, en quelque sorte, possession de cette espèce de *royauté* de la banque qu'il affecte depuis ce temps; il offrit, comme on voit, de prêter si on le voulait le capital de trente millions de rentes. M. *Lafitte* continua ainsi son discours :

« Aux yeux de ceux qui ont médité sur l'histoire de nos voisins « les lois écrites et la jurisprudence ne suffisent pas pour expliquer « la destinée de l'Angleterre. Elle est redevable de sa prospérité à son « système de crédit, et à la force qu'a chez elle l'opinion publique. « Cette opinion se forma quand Guillaume III reçut la couronne en « récompense de la garantie qu'il donna à la liberté. La même puis-« sance produira chez nous les mêmes effets. »

Ext. du J. gén. du 11 février 1817.

L'intention de cette citation ne pouvait être douteuse : on sait généralement qu'il n'y avait nul *crédit* sous *Guillaume III* (1), et que ce prince ne soutenait ses finances que par des sortes d'emprunts forcés sur les partisans de la maison de *Stuart*. C'était la première fois qu'on entendait dans la Chambre faire des allusions à la révolution de 1688. Ce discours donna lieu aux réclamations les plus vives ; et, chose qui aujourd'hui nous paraîtra bien étrange, on ne lut point dans le Moniteur le nom de Guillaume III ; et M. Lafitte en le conservant dans l'édition qu'il donna de son discours, plusieurs jours après l'avoir prononcé, modifia lui-même ses expressions. Mais quel chemin le *système* du ministère a fait faire à l'esprit révolutionnaire depuis cinq ans ! Le journal anglais *le Morning Chronicle* remarque que la chanson française pour laquelle on a fait saisir les numéros, parvenus en France, de sa feuille du 12 avril, n'approche pas, pour les insultes à la monarchie, du discours prononcé par M. *Lafitte* dans la séance du 15.

Voici l'art. du *budget* que M. *Lafitte* attaqua dans ce discours :
« *Art.* 10. Le contingent de chaque département dans les « contributions foncières, personnelles et mobiliaires, des portes et « fenêtres, est fixé aux sommes portées dans les états n° D annexés « à la présente loi. » D'après ces états, les départemens surchargés continuent d'être dégrevés dans la proportion fixée par la loi des finances de 1821, et sont imposés en 1822 comme ils l'ont été les six derniers mois de 1821.

M. de *Berbis*, député de la *Côte-d'Or*, l'un des départemens qui n'ont pas été considérés comme *surtaxés*, et qui, en conséquence, n'ont pas eu de *dégrèvement*, proposa un amendement ayant pour objet de faire rectifier les *erreurs matérielles* qui, selon ce député, se trouvent dans les calculs qui ont servi de base à la nouvelle répartition de la contribution foncière. Le député de la *Côte-d'Or* ne voulait pas, comme on voit, contester

---

(1) Voici ce qu'on lit sur ce prétendu crédit de Guillaume III, dans un livre que les banquiers et les négocians ont habituellement sous la main, dans le *Dictionnaire universel* de la géographie commerçante, (tom. 2, pag. 410) : « Le premier emprunt qui se fit alors (à l'avénement de *Guillaume III*), de la modique somme de 500,000 liv. sterling (12 millions de francs), ne trouva de « souscripteurs parmi les Anglais, que ceux qui y furent engagés par la crainte « d'être réputés *mal affectionnés*, et qui mirent immédiatement sur la place les « *récépissés* qu'on négocia *jusqu'à 53 pour 100 de perte*, quoique le taux de « l'intérêt fût à 8 pour 100, tant il y avait peu de confiance ! »

la justice des dégrèvemens en général, mais rendre cette opération plus parfaite.

M. *Lafitte*, député de *la Seine*, département qui a obtenu un dégrèvement de plus de trois millions par la loi des finances de 1821, ne veut pas qu'on fasse jouir ses commettans de ce dégrèvement pour 1822. Cela peut sembler étrange aux propriétaires des maisons de Paris, qui, (d'après ce qu'on lit dans le rapport sur le cadastre général de France, distribué aux chambres en 1817,) payaient le cinquième du revenu de leurs maisons en principal, et *le tiers* en y comprenant les accessoires. D'après leur *député*, un ancien propriétaire de Paris qui ne sait pas s'enrichir par la banque, un père de famille qui, sur une maison du *faubourg St.-Jacques* ou du *Marais*, estimée à 5,000 fr. de loyer, y compris le modeste logement de sa famille, payait 1,000 fr. d'impôt, et qui, d'après la loi des finances de 1821, a enfin obtenu environ 300 fr. de dégrèvement, devrait être privé cette année et pour toujours de cet allégement dont il est déjà en jouissance depuis dix mois. Aussi ce député de Paris a-t-il jugé qu'il devait employer des *précautions oratoires*. « Pour traiter ces questions comme elles doivent l'être, a-« t-il dit, il est indispensable de faire *religieusement* abstraction « de toute espèce d'intérêt *local* ou *particulier*. » Nous verrons plus loin si la France a plus à se louer des projets de M. Laffite que la ville de Paris, et si son intérêt *particulier* ou celui de sa faction n'a pas été le seul but de son discours.

M. de *Villèle* lui a répondu de suite, sur tous les points, avec la clarté, la connaissance positive des choses, qui caractérisent ce ministre, et avec l'avantage qu'a un homme habile qui défend la vérité contre des sophismes. M. Lafitte voulut répliquer, et ne fit que répéter en d'autres paroles, ce qu'il avait dit dans son discours écrit. M. le général Foy appuya son *ami*; M. *Delalot* et M. *Dudon*, leur répondirent avec le différent genre de talent que possèdent ces deux orateurs; et l'on pourrait former le vœu exprimé par M. de *Martignac*, que le *Moniteur* qui contient le le discours de M. *Lafitte* et toute cette discussion fût répandu en tous lieux.

Cependant comme les bornes d'une séance ne permettent pas aux orateurs de réfuter à la tribune toutes les parties d'un discours long-temps médité, j'ai cru utile de considérer particulièrement quelques points de celui de M. *Lafitte*, d'après le plan que je me suis tracé de suivre la marche du *parti libéral* dans cette dernière session.

La diminution de l'impôt foncier, dit M. Lafitte, *est devenue l'auxiliaire du double vote.* Remarquez que c'est sous le gouvernement impérial que le cadastre fut annoncé à la France comme devant opérer le dégrèvement des départemens surchargés. Remarquez que c'est dans cette même année 1817, où fut portée la loi qui admit pour électeur tout contribuable payant 300 f., que fut présenté le rapport sur le cadastre qui avait pour objet de réaliser sous le gouvernement du Roi, ce dégrèvement envain demandé sous la *république*, le directoire et l'empire. Dans cette autre fameuse année 1819, où en rejetant la proposition de la Chambre des Pairs, on consacra de nouveau la loi d'élection de 1817, M. le baron *Louis*, l'un des *amis* de M. Lafitte, non-seulement proposa, mais fit décréter un premier dégrèvement de 7 millions en principal ou accessoires. M. *Roy* qui a proposé le dégrèvement de 1821, n'a fait que perfectionner, et d'après le même plan et sur les mêmes bases, le travail de M. le baron *Louis*. D'après tous ces faits, y a-t-il un exemple de l'insigne mauvaise foi qui a fait avancer que le dégrèvement n'avait pour but que de favoriser le *parti qui est arrivé au pouvoir par le renversement de la loi du 5 février*?

Il est utile de montrer comment M. *Lafitte* veut prouver qu'il valait mieux avoir quelques électeurs de plus dans chaque département, que de diminuer la contribution foncière. *Ceux*, dit-il, *qui ne cultivent pas leurs domaines, trouvent seuls quelques avantages dans le dégrèvement proposé. Cet avantage s'évanouit presque entièrement pour ceux qui les cultivent, car l'impôt de consommation les atteint doublement, et dans ce qu'ils consomment et dans ce qu'ils produisent. Les agriculteurs peuvent être plus utilement secourus que par une faible réduction sur leur contribution foncière.*

Ainsi dans le département de l'*Aveyron* qui, ainsi que celui de la *Seine*, payait le tiers de son produit foncier, les propriétaires qui presque tous cultivent leurs domaines (et qui d'après la dépréciation des denrées, seraient même dans l'impossibilité de trouver de fermier), auraient à *peine* un intérêt à conserver le dégrèvement qu'ils ont obtenu en 1819 et en 1821! Ainsi le malheureux cultivateur de ce département qui, sur un revenu de 900 f. en payait 300, et qui d'après les dégrèvemens enfin obtenus sous les ministères de MM. *Louis* et *Roy*, n'en paie plus que 200, devra de nouveau se charger de 100 d'impôts pour avoir le plaisir de contribuer à envoyer à la Chambre des Députés, des auxiliaires à M. *Lafitte*, lesquels lui garantiront que ses champs et ses pâturages (qui dans ce moment lui produisent à peine les frais de culture) ne seront jamais déchargés de l'impôt énorme sous lequel il gémissait depuis trente ans.

« *Les ministres*, dit M. *Lafitte*, *ont cru que la nation* « *française se consolerait d'avoir perdu ses droits politiques* « *moyennant une petite diminution sur l'impôt. Voilà leur* « *combinaison*, *mais* la France n'*accepte pas cette honteuse* « *compensation* (vive adhésion à gauche.) Je déclare à M. *Lafitte* que dans les départemens que je connais, cette *nation française*, c'est-à-dire les contribuables qui ne sont plus électeurs par l'effet du dégrèvement, ne trouvent point *honteuse* cette compensation, et l'on peut garantir qu'il en est de même partout. Ils s'en rapporteront à leurs voisins qui ont les mêmes intérêts; et n'a-t-on pas remarqué qu'il y a généralement un tiers de ces électeurs peu riches qui ne quittent pas leurs affaires pour aller exercer dans les assemblées électorales ce droit qu'on voudrait leur faire acheter au poids de l'or?

Quant à l'*impôt de consommation* qui, selon M. *Lafitte*, *frappe doublement le cultivateur*, chacun sait bien que le cultivateur est de tous les habitans d'un pays, celui qui est le moins frappé par cet impôt, par la raison qu'il ne consomme guère que ce qu'il recueille: d'ailleurs il ne s'agit que de choisir entre les manières de contribuer aux dépenses de l'état; et le cultivateur redoutera moins une contribution que l'on paie à peu près, au moment et dans la mesure qu'on le veut, qu'une imposition pour laquelle un percepteur peut saisir son mobilier chaque mois.

Enfin il faut examiner ce *double vote*, institution si funeste que pour en diminuer l'effet, il vaudrait mieux, suivant M. Lafitte, payer une contribution foncière au-dessus de la force de ses propriétés. *On a*, dit-il, *changé la loi des élections, on a privé une grande partie des citoyens des droits que* la Charte *leur avait donnés...... Il suffisait de payer cent écus pour être électeur.* Je répondrai par des faits.

« Art. 35 de la Charte. La Chambre des Députés sera composée de Députés élus par les colléges électoraux, dont l'organisation sera déterminée par les lois ;

« Art. 40. Les électeurs qui concourent à la nomination des Députés, ne peuvent avoir droit de suffrages, s'ils ne paient une contribution directe de 300 fr., et s'ils ont moins de trente ans. »

Le 11 mars 1815, dans la première séance de la Chambre des Députés, qui eut lieu après le débarquement de Bonaparte en Provence, le président, M. Lainé (qui avait été membre de la commission nommée par S. M., pour la rédaction définitive de la Charte), commmença ainsi son discours, au sujet de cette convocation extraordinaire : « Vous deviez être réunis sous de meil-
« leurs auspices ; votre première pensée devait se porter sur une
« loi destinée à remplacer, même pour la session de 1815, ceux
« de nos collègues que la mort nous a enlevés..... On préparait
« sur les réélections une proposition (c'était une proposition déjà
« annoncée par M. Lainé) qui sans cesser de regarder la pro-
« priété foncière comme la condition principale de la représenta-
« tion, admettait comme représentans nécessaires, les Députés
« nommés par les universités et par le commerce. »

Le 13 du même mois, M. l'abbé Montesquiou, ministre de l'Intérieur (qui avait présenté le projet de la Charte à la Commission nommée par S. M.) proposa un projet de loi sur des récompenses nationales aux maréchaux Mortier et Macdonald, aux officiers et aux soldats composant les garnisons de Lille, de La Fère, de Cambrai et d'Antibes. Le dernier article de ce projet de loi était ainsi conçu : « art. 4. Les deux Chambres s'occuperont sans délai « des moyens de pourvoir aux places vacantes dans la Chambre « des Députés des départemens. »

Le 14, M. Faget de Baure, (qui avait aussi été membre de la Commission de la Charte) rapporteur de la Commission, nommé pour ce projet de loi, dit sur l'article 4, « nous nous féli- « citons d'avoir déféré d'avance, à l'invitation du Roi, relative- « ment à l'examen des moyens propres à compléter la Chambre. « L'art. 35 de la Charte veut que la Chambre des Députés soit « composée des Députés élus par les colléges électoraux dont « l'organisation doit être déterminée par une loi. Cette loi a été « l'objet de nos méditations constantes, et il a été reconnu dans « la session dernière, que cette question nous occuperait cette « année dans nos premières séances. *Déjà plusieurs de nos col- « lègues ont préparé des projets, vous les inviterez à les « porter incessamment à la tribune.* »

Le projet de loi des élections présenté à la Chambre de 1815, conservait les assemblées de canton, pour le choix des électeurs. La chambre adopta cette disposition, et fixa le droit de voter, dans les assemblées de canton, aux citoyens payant au moins cinquante francs de contributions directes.

Jamais discussion n'a été plus longue, plus animée que celle qui eut lieu au sujet de cette loi dans les deux chambres. Dans la Chambre des Députés, où siégeait M. *d'Argenson* et plusieurs de ses *amis*, personne ne réclama contre les assemblées de canton, et ne prétendit que les contribuables de cent écus fussent *électeurs de droit*. Dans la Chambre des Pairs qui rejeta le projet adopté par la Chambre des Députés, personne n'eut l'idée d'abréger la discussion en disant que les *électeurs étaient nommés par la Charte*.

Enfin, dans les assemblées électorales de 1816, les contribuables de 300 fr. ne furent point appelés aux colléges de département. Tous les électeurs de ces colléges formés sous le gouvernement impérial, avaient été élus parmi les 600 plus imposés de leur département respectif. Cependant aucun de ces prétendus *électeurs de droit* ne se plaignit par une pétition au Roi, ou aux deux Chambres, de ce qu'on appelle aujourd'hui une infraction à la Charte. On défierait même qu'on trouvât un écrit publié avant la loi du 5 février 1817, où l'on réclamât en faveur de ce prétendu droit.

La Charte a simplement réglé que l'organisation des colléges électoraux serait déterminée par les lois. Ainsi le pouvoir législatif, en portant la loi du 19 juin 1820, n'a fait que remplir un devoir auquel il était appelé par la Charte.

La discussion doit se terminer là pour ceux qui reconnaissent le principe nécessaire de l'*omnipotence parlementaire*; principe hors duquel il n'y a que l'*insurrection* et la fin de toute société. J'ajouterai cependant une réflexion sur la théorie de la loi du 19 juin 1820.

Il n'y a pas eu une république dans l'antiquité où l'on n'ait donné de l'influence dans le gouvernement à proportion de la propriété que chacun possédait. « Dans l'état populaire, dit Montesquieu, on divise le peuple en de *certaines classes* : c'est « dans la manière de faire cette division que les législateurs se « sont signalés, et c'est de là qu'ont toujours dépendu la durée « de la démocratie et sa prospérité. » Ces *classes*, à Athènes comme à Rome, étaient réglées par la *propriété* (1).

Dans les temps modernes, la loi politique de l'Angleterre (qui seule nous offre le modèle d'une législation sur le droit d'élection dans un gouvernement représentatif,) accorde le droit de voter dans tous les comtés ou les villes où l'on a une propriété d'une certaine valeur; de sorte qu'un grand propriétaire pourrait voter dix fois dans une année, si dix comtés où il eût des propriétés remplaçaient dans cette même année leurs députés au parlement; et dans les élections générales, tout propriétaire d'une maison possédée en *franche tenure* (en pleine propriété) vote et dans l'assemblée de la ville et dans l'assemblée du comté où cette ville est située, et il exerce ainsi au moins un *double vote* (2).

---

(1) Voyez l'Esprit des lois, liv. 2, ch. 2, et liv. 5, ch. 5.

(2) Voyez l'excellent ouvrage intitulé : *De la Constitution de l'Angleterre, avec quelques remarques sur l'ancienne Constitution de la France, par un Anglais* (M. Frisell), deuxième édition, p. 51.

Si M. *Lafitte* peut qualifier de *privilége* le droit reconnu par la loi de 1820, de voter dans deux colléges, comment qualifiera-t-il le droit reconnu par la loi de 1817 à 70,000 contribuables payant 300 fr, de voter à l'exclusion des autres habitans de la France. Il faut cependant qu'il reconnaisse, par l'expérience de tous les peuples civilisés anciens et modernes, que, sous peine de tomber aussitôt dans l'anarchie et le despotisme, il faut proportionner le droit des citoyens d'influer sur le sort de la société à l'intérêt plus ou moins grand qu'ils ont à sa conservation.

On a vu que M. *Lafitte* voulait rétablir 28 millions de contribution foncière sur les départemens surchargés, afin d'augmenter le nombre des électeurs; mais en compensation, il proposa de priver le trésor royal de quatorze millions que produit la loterie, et de cinq millions que produit la ferme des jeux.

Remarquez bien que l'état en prenant le monopole de la loterie et des jeux publics, n'a fait autre chose que de lever sur les joueurs, l'impôt qu'ils auraient d'ailleurs payé, et sans aucun doute d'une manière plus onéreuse, à des capitalistes ou à des banquiers qui auraient ouvert des loteries ou des maisons de jeu.

Lorsque Bonaparte, en 1806, donna à la police le monopole des maisons de jeu, il y avait à Paris, 70 maisons de jeu; elles furent réduites à huit. En Angleterre, où les maisons de jeu sont prohibées par les lois les plus sévères, il se fait de plus grosses pertes au jeu que dans aucun pays de l'Europe. Une société de capitalistes qui a mis dans ce *commerce* un fonds d'un million sterling, tient les principales maisons de jeu de Londres. Il serait doux à M. *Lafitte* et ses amis, de s'emparer ainsi des cinq millions de bénéfices que le gouvernement aurait abandonnés d'après son conseil. Nul doute que ces Messieurs n'ouvrissent aussi une loterie, si la loterie de France était supprimée; cette double opération pourrait leur procurer une vingtaine de millions chaque année, et de plus ils auraient la satisfaction d'avoir des banques de jeu dans toutes les grandes villes et à toutes les eaux minérales de France, d'établir partout des bureaux de loterie, et de faire circuler le *bon esprit* par des *voyageurs* qui porteraient des instructions à tous leurs agens partout bien choisis et bien zélés.

Enfin M. *Lafitte* proposait de confier tous les recouvremens et les dépenses du trésor à la banque de France, dont lui et ses amis, remarquons-le bien, pourraient posséder la majorité des actions. « Demander que le trésor soit mis à la disposition de la banque, « lui a répondu M. le Ministre des Finances, serait demander « une chose dangereuse, et je crains qu'en faisant cette demande « le préopinant ne se soit trop laissé préoccuper par une idée *par-* « *ticulière.* »

On voit que si M. le Député de Paris voulait faire surcharger les propriétaires des maisons de ses *commettans* de plus d'un tiers de leur imposition actuelle, il n'a pas négligé dans son discours ses intérêts *particuliers*. Les produits de la loterie, des jeux, et le maniement de tous les fonds du trésor, auraient certainement donné à lui et à ses *amis*, un revenu bien plus considérable que les 28 millions qu'il voudrait replacer sur les départemens surchargés (1). Des gens aussi habiles qu'eux le porteraient assez probablement à 50 ou 60 millions.

Mais pourquoi ces *rois*, prétendus populaires, demandent-ils une si bonne *liste civile?* M. *Lafitte* vous l'apprend : c'est pour que *deux millions de propriétaires* ne craignent plus *pour leurs propriétés acquises sous la garantie des lois*; c'est pour que les *braves armées dont le courage avait résisté deux fois à l'invasion* ne craignent plus *de voir insulter à leur gloire, comme si leur sang n'eût coulé que pour la rébellion.* Ainsi les acquéreurs de biens nationaux et l'ancienne armée, voilà les *sujets*

---

(1) Remarquez que les départemens dégrevés sont encore les plus chargés. Dans les tableaux annexés au *budget* de 1821, vous verrez que, le dégrèvement étant opéré, les départemens placés par ordre de la surcharge qui reste encore, la *Seine*, l'*Aveyron*, la *Mayenne*, la *Marne*, *Eure-et-Loire*, *Seine-et-Oise*, *Ardennes*, *Sarthe*, *Loiret*, etc., payent encore du 8e au 9e en *principal* de la contribution foncière, tandis que les départemens qui sont au bas de la colonne ne payent que du quinzième au dix-septième : et ce sont les premiers départemens que M. Lafitte, dans sa *passion* pour la Charte, voulait faire charger encore, quoique la Charte ait prononcé (art. 2) : « Que les Français contribuent « indistinctement, dans la proportion de leur fortune, aux charges de l'État. »

qui doivent soutenir le *trône* de ces nouveaux rois. Examinons les titres de M. *Lafitte* et de ses amis à ce double *protectorat*.

D'abord ce n'est pas la loi *réconciliatrice* du 5 février, comme dit M. *Lafitte*, mais le concordat de 1801 qui a garanti les acquisitions des biens du clergé; ensuite ce sont tous les souverains alliés qui, ayant reconquis la France et l'Italie sur la révolution, et occupant par leurs armées cette partie de l'Europe, *ont voulu* que les biens du clergé, vendus non-seulement en France, mais dans les états du Souverain Pontife, restassent aux acquéreurs, et le Souverain Pontife a rendu commun à ses propres états l'art. 13 du Concordat de 1801 (1).

Les *amis* de M. *Lafitte* ont voulu pendant cette *session* étendre plus loin leur *domaine*; ils ont voulu imposer leur *protection* jusque sur tous les propriétaires de France; ils ont annoncé que les catéchismes de quatorze diocèses prescrivaient le paiement de la dîme : on a montré à la tribune la grossièreté de leur imposture; ce qui ne les empêche pas de la répéter, et de la faire circuler dans les campagnes. Disons donc encore que la dîme établie par les anciens *capitulaires* de nos rois, était un *impôt* que la loi politique pouvait remplacer par un autre impôt, et qu'aujourd'hui l'état subvenant aux dépenses du culte par un *impôt en argent* au lieu de l'ancien *impôt en nature*, si un ecclésiastique desservant une paroisse réclamait la dîme comme un *droit*, et qu'il se la fît payer, l'Eglise lui en prescrirait la *restitution* comme d'un *vol*; aussi on peut défier ces audacieux perturbateurs du repos public d'avancer que dans ce vaste royaume de France, il se soit trouvé un *seul* ecclésiastique qui, depuis la suppression de la dîme par une loi politique, en ait demandé le paiement. Aussi les conseillers de Bonaparte ne songèrent même pas à demander au

(1) Cet article est ainsi conçu : « Sa Sainteté, pour le bien de la paix et l'heu-« reux rétablissement de la Religion catholique, déclare que ni elle ni ses suc-« cesseurs ne troubleront, en aucune manière, les acquéreurs des biens « ecclésiastiques aliénés, et qu'en conséquence les propriétés de ces mêmes « biens, les droits et revenus y attachés, demeureront *incommutables* entre « leurs mains ou celles de leurs ayant-cause. »

Souverain Pontife qu'il y eût dans le Concordat un article sur la dîme, comme ils en demandèrent un sur les biens fonds du clergé : tant il est notoire, d'après l'autorité des six premiers siècles de l'Eglise, que les états chrétiens pouvaient accomplir de la manière qu'ils le voulaient l'obligation de *droit divin*, de subvenir à l'entretien des autels, et à la subsistance des ecclésiastiques destinés à les desservir. Et c'est après trente années de révolution que d'impudens démagogues, pour se procurer de l'argent et du pouvoir, veulent faire craindre au peuple qu'on n'ajoute l'impôt de la dîme à tous les impôts qu'ils ont rendus *eux-mêmes* si pesants par leur trahison du 20 mars !

Quant aux acquéreurs des biens des émigrés, les mêmes souverains alliés *voulurent* que la possession de ces acquéreurs fût confirmée comme celle des acquéreurs des biens du clergé, non-seulement en France, mais aussi dans la Savoie et le comté de Nice, qu'ils avaient reconquis pour le roi de Sardaigne : enfin le Roi rétabli sur son trône a confirmé ces acquisitions par un article de la Charte. Les anciens propriétaires ont juré obéissance à cet acte de la puissance royale ; et il n'y en a pas un seul, dans toute l'étendue du royaume, qui ne s'y soit montré fidèle : même aux *cent jours*, lorsqu'une guerre civile pouvait tout autoriser (1) : fidélité à se conformer à la

---

(1) Puisque M. *Lafitte* et ses *amis* persistent à vouloir *protéger* les acquéreurs de *biens nationaux*, je citerai de nouveau la déclaration de M. le marquis de La Boëssière devant la Cour d'assises d'Angers, dans l'affaire *Laguevel*. On ne peut trop répéter des paroles si mémorables : « Le Roi m'avait ordonné, à Gand, « de faire respecter la Charte pendant la lutte qui allait s'entamer, et d'y faire « revenir aussitôt qu'il se pourrait, alors que les circonstances auraient momentanément rendu impossible de s'y conformer. La crise finie, j'ai pu dire au Roi : « *Sire, il n'y a pas eu d'infraction ; si V. M. avait prévu des impossibilités* « *éventuelles dans l'exercice de la Charte, rien n'a été impossible à l'amour* « *obéissant de vos Bretons. Victorieux dans la lutte, au milieu du tumulte* « *des armes, alors que toutes les infractions auraient été nécessairement ex-* « *cusées et couvertes, la surface de la Bretagne n'a pas offert un seul exemple* « *d'un chef qui se soit permis un seul acte de propriété sur ses propres biens* « *confisqués*, ET ENTRE LES MAINS D'UN ENNEMI DE V. M., PORTANT LES ARMES « CONTRE ELLE. »

Cela s'est passé de même dans la *Vendée*, dans le *Midi*, et dans toutes les autres parties de la France où les royalistes ont arboré le drapeau blanc, avant le retour du Roi.

parole du Prince, qui, on peut l'assurer, n'a rien eu de comparable dans les annales du monde !

On répétera encore que Bonaparte, en 1813, voulait taxer les biens nationaux, *tant par arpent*, pour proportionner les prix d'achat avec la véritable valeur ; à l'imitation de ce qui avait été fait à l'égard des biens du clergé vendus par nos Rois, de concert avec le Souverain Pontife, pendant les guerres de religion du 16e siècle, et qui depuis furent *taxés* jusqu'à trois fois. L'article 9 de la Charte préserve à jamais de semblables taxes toutes les espèces de propriétés, *la loi ne mettant aucune différence entr'elles.*

Les propriétaires des biens nationaux, qui appartiennent à la classe éclairée de la société, savent fort bien qu'ils ne doivent pas leur sécurité aux orateurs *libéraux*, que c'est le Roi seul qui a assimilé ces propriétés aux anciennes, et on les voit *voter* avec les fidèles royalistes. Mais il est connu que le *comité directeur* lève un impôt dans plusieurs départemens, sur de malheureux acquéreurs de biens nationaux, auxquels ils ont persuadé que les chefs *libéraux* empêchaient seuls leur spoliation (1).

Enfin, puisqu'on a voulu encore, pendant cette session, faire craindre aux cultivateurs le retour des *rentes féodales*, nous répéterons encore que la loi de l'assemblée constituante qui les a d'abord déclarées rachetables et ensuite supprimées, a une longue prescription, et que la suppression de ces rentes ainsi que celle des dîmes, sont entrées dans les calculs de l'administration, lorsque en 1790, où doubla l'impôt foncier. On demandera encore quel est le Député de cette Chambre si redoutable de 1815, quel est l'écrivain royaliste en France ou dans les pays étrangers, qui ait proposé de redemander ces rentes aux laboureurs? Le seul projet de ce genre est celui de Bonaparte. La section des finances du conseil d'Etat trouva que les rentes de l'ancien domaine de la Cou-

(1) La levée de cet impôt *libéral*, dans certains départemens, est notoire ; je suis assuré que le mien n'est pas du nombre. Les grands propriétaires de biens nationaux y ont nommé les députés actuels pendant trois élections consécutives, et ils ont, sans aucun doute, une plus grande sécurité, à l'égard de ces biens, que n'en ont les *commettans* de M. B. Constant.

ronne, du clergé et des émigrés, toutes appartenant à l'État, vaudraient douze millions de rentes. Bonaparte donna ordre à un très-habile jurisconsulte, de la section de la législation, de faire un travail sur la légitimité de cette réclamation. Les personnes occupées, dans ce temps, des affaires publiques, ont eu connaissance de son rapport. C'est Sa Majesté seule, en donnant la Charte, qui a mis fin pour toujours à de semblables recherches.

Espérons que la sagesse du nouveau ministère, n'employant partout que des fonctionnaires fidèles et zélés, ramènera promptement ces malheureux agriculteurs à la connaissance de la vérité et à l'amour de leur Roi.

Quant à la seconde classe des *protégés* de M. Lafitte, les *braves* (1) *de la vieille armée*, on sait que les vrais militaires français sont fidèles aux fils de Henri IV. Le *comité directeur* n'est parvenu qu'à force d'argent à décider quelques hommes à changer l'épée du guerrier contre le poignard de l'assassin; mais nulle part, comme on l'a déjà dit, il n'a pu gagner une compagnie de soldats; et les agens de conspirations ont tous été arrêtés par les soldats des régimens mêmes qu'ils avaient tenté de corrompre.

Remarquons sur ces conspirations militaires que devant le 1er conseil de guerre où les accusés de la conspiration de Saumur ont été traduits, deux accusés ont déclaré que *Sirejean* leur avait dit que *Berton*, *Delon*, le général *La Fayette* et (l'un d'eux ajouta) M. *Lafitte*, étaient de la conspiration. Remarquons aussi que devant le second conseil de guerre, deux témoins ont déclaré que *Delon* leur avait dit que M. *de La Fayette* serait à la tête de l'entreprise, et que M. *Lafitte* fournirait un million. Deux jours *après* la première déclaration faite devant la justice, *Berton* et *Delon* se présentent en armes devant Saumur: ceux qui les avaient accusés

(1) Ce mot *brave* ferait croire que ceux qui l'emploient ont mis un grand effort à l'être. Les anciens Français n'étaient-ils donc pas des *braves* même sans l'espoir de gagner des *majorats*? Il est vrai que *Duguesclin* et *Bayard* étaient indignes d'être appelés des *braves* dans l'acception nouvelle, puisqu'ils ont vécu et sont morts sur le champ de bataille, *fidèles à leur roi*.

étaient donc très-exactement instruits des projets et des moyens de la conspiration. (1)

M. *Lafitte* a été cependant réélu député de Paris. Heureusement pour l'honneur de cette ville, il sera prouvé, par le discours de M. *Lafitte* même, que ce n'était pas des propriétaires des maisons de cette capitale, qu'il attendait sa nomination. S'il n'avait eu cette conviction, il n'aurait pas demandé que les contributions de ces maisons fussent augmentées d'un tiers; il est trop habile pour dire à ses *électeurs* : « Nommez-« moi votre Député, et je me charge de faire rétablir sur vos « maisons un impôt de plus de trois millions dont, après 30 « années de réclamations, ces propriétés ont été enfin dégrevées. »

Aussi ne sont-ce pas ces propriétaires qui ont donné la majorité à M. Lafitte et à ses amis. Un calcul fort simple va le démontrer. Le tableau des électeurs des divers départemens, distribué aux Chambres par ordre du gouvernement, en 1820, porte le nombre des électeurs de Paris à 8996. Ce nombre aurait dû être diminué au moins de mille par le dégrèvement de 3,150,000 francs, qu'a obtenu la ville de Paris en 1821. (C'est la plus faible proportion qu'on puisse supposer, comme on peut en juger par les autres départemens dégrevés.) Il n'y aurait donc dû y avoir que 8000 électeurs au plus, cette année, dans le département de la Seine ; or, il y en a eu 10,152. Il est donc démontré qu'il a voté 2000 nouveaux électeurs au moins, qui n'ont pas tiré leurs droits de la contribution foncière de ce département.

La majorité réunie des six colléges d'arrondissement de Paris, qui ont nommé M. *Lafitte* et ses *amis*, ne s'est portée qu'à 1700, et celle du collége de département, qui a nommé quatre Députés

(1) M. le général *Canuel*, MM. de *Chappedelaine*, de *Chauvigny*, de *Rieux Songy*, de *Romilly*, ont été retenus en prison pendant quatre mois, et mis *au secret* sur la déclaration de deux dénonciateurs dont les noms sont restés *inconnus*. Il est inutile de développer cette comparaison de la procédure faite aux plus zélés royalistes, au général qui a sauvé Lyon de la plus vaste conspiration, avec les témoignages juridiques portés contre deux hommes qui, depuis qu'ils sont dans la Chambre, n'ont cessé, dans leurs discours, de porter ce qu'ils appellent le *peuple*, à l'insurrection, c'est-à-dire aux conspirations.

du même parti, n'a été que de 437. Donc les 2000 nouveaux électeurs, étrangers à la contribution foncière de Paris, dans six arrondissemens, et les 500 d'entre eux, au moins, qui ont voté au collége de département, ont fait toutes les nominations libérales; (1) d'où il résulte que MM. *Ollivier*, *Lebrun*, *Bonnet* et *Breton*, n'en représentent pas moins l'opinion des vrais Parisiens.

A qui appartient donc cette majorité factice? à cette espèce d'hommes qui ne peuvent se réunir que dans une grande capitale, et qui sont les ennemis publics de toute une nation. Cherchez un artisan de nos malheurs que vous ne trouviez pas dans ce parti? On a vu réunir publiquement pour ces élections *libérales*, et les hommes de la faction qui a commencé la révolution et qui crut faire tourner à son profit le forfait du 21 janvier; et tout ce qui reste des *libéraux* de la Convention; et les instrumens de la tyrannie du *Directoire* ainsi que du despotisme de Bonaparte; et les hommes qui se sont enrichis en *démolissant* les monumens de la France; et ceux qui ont fait des fortunes énormes en spéculant sur la subsistance des armées; et tous ces *Verrès* modernes, fléaux de l'Europe, objets d'horreur pour leur propre pays, et dont les fortunes colossales sont les seuls produits qui restent à la France, du sang de nos *trois millions de conscrits*; et tous ces *conseillers* de Bonaparte, plus durs et plus méchans que leur maître; tout ce qu'il a eu de valets insolens; et enfin tous ces conspirateurs du 20 mars, qui font supporter à la France la surcharge énorme de 120 millions de rentes, et auxquels la *Chambre de* 1815 a eu le tort irréparable de n'avoir pas fait payer, conformément au droit naturel et aux lois positives de tous les pays, le dommage qu'ils avaient causé.

Il existe en France un archevêque et un évêque *apostats*, qui sont par conséquent ce qu'il y a de plus vil, de plus corrompu,

---

(1) On a compté qu'aux élections qui ont eu lieu à Paris au commencement de cette année, les fonctionnaires publics, salariés par le Roi, ont donné un grand nombre de voix à MM. *Gérard* et *Gévaudan*. La même observation s'est renouvelée dans les Colléges électoraux qui viennent de nommer M. *Lafitte* et ses amis.

de plus coupable au monde, vous les trouverez parmi les hommes les plus actifs de cette faction. S'il existe des *grands-officiers* de la maison de Bonaparte, complices de l'assassinat du dernier héritier de la branche héroïque des *Condé* (1), vous les trouverez aussi parmi eux; enfin, il y a un homme nourri dans l'intrigue des petites cours italiennes dont était entourée la grande cour de Bonaparte, qui, poussé au ministère par toute la faction, a commis le crime inexprimable de calomnier auprès d'un monarque, le père de son peuple, tout ce que S. M. avait de plus fidèles serviteurs; qui a rappelé autour du trône tous ses plus cruels ennemis; et qui n'a cessé de faire insulter la famille royale, dans l'étranger comme en France, jusqu'à ce qu'enfin il est tombé, le jour où *les pieds lui ont glissé dans le sang*. Cet homme qui en ressuscitant l'esprit révolutionnaire en France, est la principale cause des malheurs de l'Espagne, de l'Italie, et de l'inquiétude qui travaille le monde entier, cet homme, entouré de ses anciens courtisans, s'est montré un des *électeurs* les plus actifs, et comme le lien de tant de crimes et de passions.

Vous n'étiez pas faits pour être nommés par ces ennemis du monarque et du peuple, vous, nos honorables amis, qui deviez continuer à voter avec nous pour la religion, la monarchie légitime, la prospérité et les justes libertés du peuple; vous avez eu tout ce que vous désiriez, le suffrage de tous les gens de bien. Vous êtes les vrais représentans de cette ville de Paris (2), qui montra une douleur si profonde le jour où des monstres *libéraux* commirent le plus affreux *parricide*; qui fit voir la même consternation, lorsque le sang de ses rois coula encore une fois auprès de ses murs, et qui manifesta à l'Europe combien elle détestait les crimes commis dans son enceinte, par l'accueil plein de vénération et d'amour qu'elle fit deux fois à son Roi.

---

(1) On a oublié les titres de cet *empire* d'un jour; qu'on ne confonde pas parmi ces *grands-officiers* un *grand-dignitaire*, qui fit tous les efforts possibles pour sauver monseigneur le duc d'Enghien : Il a voté avec les royalistes, cette année, comme il y a deux ans.

(2) On a pû faire 2,000 électeurs avec deux cents mille écus. En Angleterre,

SUR LE DISCOURS

de M. le général Foy,

prononcé dans la même séance du 15 avril.

M. *Delalot* avait répondu, avec son talent accoutumé, au second discours de M. *Lafitte;* il avait surtout rappelé ce qu'il ne faudrait cesser de dire à chaque discussion sur le *budget :* c'est que ce sont les auteurs du *vingt mars* qui ont chargé la France d'une rente de 120 millions. M. le général *Foy* monta à la tribune après M. *Delalot.* Il ne dit rien sur l'énorme charge que fait peser sur nous cette conspiration; mais il manifesta des principes qui en font l'apologie. Il répéta plusieurs fois ces mots : *la Charte et la France, c'est le cri Français.* Le côté droit répondit par les cris de *vive le Roi !* et M. le général *Foy* continua : *Il faut, Messieurs, en finir avec ces mots sans valeur de* légitimité *et d'*usurpation.

Dans la même séance, M. *Lafitte*, parlant de la baisse de 10 fr. qu'éprouvèrent nos fonds publics à l'époque de la conspiration du Piémont, ajouta : « Il y a donc une cause matérielle. » *Oui, les factieux*, dit une voix de la droite. *Ils ne seront plus factieux quand ils auront vaincu*, s'écrie le général *Foy*. Ces trois propositions de M. le général *Foy* forment la doctrine la plus claire qui ait jamais été exposée dans aucun temps et dans aucun lieu;

---

on voit des particuliers dépenser de plus fortes sommes pour une place au Parlement.

Lors de la discussion de la loi des élections, pour éviter cet inconvénient immense de laisser à un parti puissant le moyen d'avoir des *votes* à peu près à volonté, il avait été proposé un amendement qui exigeait que la moitié des *cent écus* provînt d'une contribution *foncière*. L'expérience fera peut-être juger combien il était important d'adopter une disposition de loi qui aurait ainsi accordé les intérêts du commerce et ceux de la propriété.

mais il est bien certain que c'est la première fois qu'elle a été avouée dans un sénat ou dans une assemblée populaire quelconque.

D'après ces principes, si *Nantil* était parvenu à forcer le château des Tuileries et à attenter à la personne même de S. M.; si *Berton* s'était emparé du château de Saumur; si les militaires dénoncés comme agens de conspiration à La Rochelle et à Strasbourg, et sur lesquels on a trouvé des *poignards*, avaient réussi à égorger les officiers fidèles, et à livrer ces deux places à ceux qui les paient; si les incendiaires du département de l'*Oise* parvenaient à soulever le peuple contre *les prêtres et les nobles* que les placards qui *voyagent* avec les machines à incendie accusent de *brûler les chaumières*, les chefs de tant de complots ne seraient plus *des factieux !!*

Ainsi il n'y a point de *crime* auquel n'encouragent ces paroles de M. le général Foy; et si les idées qu'elles expriment pouvaient s'étendre au-delà du cercle, toujours étroit, (grâces au ciel!) des scélérats déterminés auxquels elles s'adressent, c'en serait fait de toute société humaine, et les hommes seraient bientôt au rang des bêtes féroces.

Dans la séance du 29 janvier, M. le général *Foy* nous avait préparés à l'exposé de ces dernières conséquences du système *libéral*. Il nous dit, en faisant l'apologie du 20 *mars*, « un homme a fait un « appel au souvenir de l'*armée*; et les *soldats*, depuis Cannes « jusqu'à Paris, ont couru au-devant de leur général. »

Prouvons que ce ne sont que quelques généraux et quelques colonels qui ont provoqué cet *appel* et exécuté cette conspiration. J'ai déjà cité (page 22) la lettre du général *Lefebvre Desnouettes* au prince d'*Ekmul*, dans laquelle il réclamait des indemnités pour des dépenses employées à gagner les troupes. Je vais donner d'autres extraits du jugement prononcé contre ce général : ils établiront, jusqu'à la démonstration, contre les allégations de M. le général *Foy*, que les conspirateurs seuls ont entraîné les soldats, et que le 20 *mars* n'aurait pas eu lieu si l'on avait exclus de l'armée les hommes dangereux, comme le fit, trois mois après, M. le duc de Feltre.

« Arrivé à la porte de La Fère, le général Lefebvre Desnouettes,
« ayant près de lui les deux généraux Lallemant, (à l'un desquels
« le Roi avait confié le commandement du département de l'Aisne,
« où la ville de la Fère est située) fit d'abord sortir l'infanterie, puis
« arrêta les chasseurs, harangua 200 canonniers pour les engager à
« le suivre. Aucun n'y paraissait disposé : le général Lallemant, de
« l'artillerie, prit la parole, et finit par leur demander s'ils le re-
« connaissaient pour général d'artillerie ; sur la réponse positive
« de quelques-uns, il mit l'épée à la main, et leur commanda :
« *par le flanc droit, à droite*. Plusieurs obéirent. Alors le chef
« de bataillon *Bousquet* qui commandait ce détachement, d'un
« ton ferme, ordonne aux canonniers de n'obéir qu'à son comman-
« dement, et de faire face. Sa troupe se remit en ordre. Le gé-
« néral Lallemant, de l'artillerie, accabla d'invectives cet officier
« supérieur, engageant de nouveau les canonniers à le suivre.
« Le général Lefebvre Desnouettes fit en même temps reprendre
« la marche à sa troupe, qui quitta la ville en criant *vive l'Em-
« pereur*. Un *seul* canonnier les suivit...... »

« .... Le lendemain matin 11 mars, l'accusé était aux portes
« de la caserne des chasseurs de Berri à Compiègne ; il comptait
« tromper la vigilance des chefs de ce régiment, se mettre en
« contact direct avec les chasseurs, et déterminer ceux-ci à le
« suivre. Il se méprit encore une fois. Le major du régiment de
« Berri venait d'être informé du danger que courait le service
« du Roi. Les officiers de Desnouettes le trouvent à la grille exté-
« rieure du quartier qu'ils allaient se faire ouvrir. Seul et sans
« armes, il leur résiste, les repousse et leur en impose ; c'est inu-
« tilement qu'au nom de leur général ils le menacent du supplice.
« Si je succombe, leur dit-il, votre général peut me faire fusiller ;
« je lui ferais subir le même sort, s'il tombait entre mes mains.

« Pendant cette résistance de M. le major Lainé (1), les chas-

(1) C'est ce même major *Lainé* que Monseigneur le duc de Berry n'a cessé de combler de bontés, et que ce prince voulut voir placé, en qualité de lieutenant-colonel, dans la gendarmerie de la ville de Paris ; c'est cet officier supérieur, modèle d'une héroïque fidélité qui a été exclus de ce corps après la mort de son

« seurs de Berri s'étaient mis sous les armes : l'accusé les aperçut « rangés en bataille avec les officiers ; dès lors il lui fallut renoncer « à sa criminelle entreprise. Le bel exemple que venait de donner « le régiment de Berri ne fut pas sans influence sur la troupe du « général Desnouettes ; déjà refroidie par l'échec de la veille, « cette troupe reconnut le péril dans lequel l'accusé l'entraînait, « elle renonça à seconder sa trahison, et l'abandonna. La fuite « devint la seule voie de salut de l'accusé ; ce général s'éloigna de « Compiègne sous des habits empruntés. »

Le projet du général Lefevre Desnouettes était d'enlever le Roi et la famille royale à Paris en même temps que Bonaparte entrerait à Lyon. Voilà ce que rendit impossible la fidélité de quelques corps qui partagèrent les nobles sentimens de leurs chefs. Non-seulement, comme on l'a vu, les généraux *Lefebvre Desnouettes* et les frères *Lallemant* ne purent pas séduire la garnison de la Fère, commandée par le lieutenant-général d'*Aboville*, non plus que les chasseurs de Berri, mais ils furent abandonnés par *tous* les soldats qu'ils avaient séduits. Voilà comment l'armée *courut au-devant de son général.* Mais voici de nouvelles preuves qu'on trouve, dans l'excellent ouvrage intitulé *Itinéraire de Bonaparte* de l'île d'Elbe à l'île Sainte-Hélène (2e édition, p. 33 et suivantes).

« Le 20 mars (sur la route de Fontainebleau) le colonel du « régiment de la Reine (2e régiment d'infanterie légère) s'adressa « au régiment du Roi (1er d'infanterie légère) formé près du « sien, et chercha à l'entraîner par ses exhortations et ses invec- « tives ; mais les unes et les autres furent *méprisées* ; ce régi- « ment demeura immobile, et n'écouta que la voix de ses chefs. « Le régiment du Roi, (1er de l'infanterie de ligne), conserva la « *même attitude.*

« ....On avait appris à *Ris* le départ du Roi et des princes,

---

auguste protecteur, et réduit à un traitement de réforme de mille francs. Nous sommes heureusement arrivés au temps où cette atroce persécution sera suivie d'une réparation complète. J'ai inséré, dans un écrit distribué à la Chambre, dans l'avant-dernière session, les lettres que Monseigneur le duc de Berry avait daigné écrire à ce brave officier. V. *Quelques considérations sur la marche du ministère*, (juillet 1821) pag. 71.

« mais on ignorait quelle direction ils avaient prise. Cependant « l'ordre de se rendre à Saint-Denis fit présumer que S. M. s'était « retirée derrière l'Oise, et que l'armée, commandée par le général « *Rapp*, se réunirait, sur cette rivière, aux débris de la garnison « de Paris. On continua donc la retraite sur Villejuif. Avant « d'arriver à ce village, le duc de Vicence (Caulaincourt) et « une vingtaine de généraux s'adressèrent successivement aux « divers régimens pour les faire rétrograder sur Fontainebleau; « mais ce fut *en vain* : un morne silence et quelques cris de *vive* « *le Roi!* furent la seule réponse qu'il en obtint.

« On arriva à Villejuif. Au sortir de ce village, le régiment « du Roi reçut l'ordre de se former la droite en tête. A peine « fut-il formé, qu'il fut abordé par deux généraux, dont l'un était « Sébastiani, arrivant de Paris ventre à terre, en criant *vive* « *l'empereur!* Le premier régiment, toujours immobile, ne ré- « pondit à ce cri que par le silence de la stupeur; mais le général « Sébastiani, sans être déconcerté par ce silence, appelle les offi- « ciers au centre. Plusieurs s'y rendent, pendant que d'autres se « retirent.... » Voilà encore comment les régimens de la garnison de Paris *coururent au-devant de leur général.*

Enfin, à Grenoble, si le régiment commandé par La Bédoyère avait eu un colonel fidèle, l'entreprise de Bonaparte aurait fini sous les murs de cette ville; des malheurs incalculables auraient été épargnés, et la France ne serait point chargée des cent vingt millions de rente dont nous a parlé M. *Lafitte.*

S. A. R. MONSIEUR, ayant sous ses ordres M. le maréchal duc de *Tarente*, alla au devant de l'usurpateur, et arriva à Lyon le 9 mars. Les chefs des corps qui étaient dans cette ville ou aux environs avaient déjà séduit leurs soldats : les efforts de M. le duc de *Tarente* pour les ramener furent inutiles; Bonaparte était déjà entré dans Grenoble. Des serviteurs zélés voulurent inspirer au Prince des craintes pour sa sûreté. « Tant que je verrai des che- « valiers de Saint-Louis à la tête des régimens, je ne pourrai « croire à la trahison. » Telle fut la réponse de S. A. R. Presque tous ces chevaliers de Saint-Louis avaient prêté serment entre les mains des Princes, et S. A. R. ne pouvait penser qu'il pût y avoir une classe entière d'hommes qui ne crût pas se lier par des sermens. Une pareille perversité transformée en maxime ne s'était pas encore vue dans le monde: les vrais Français ne pouvaient en concevoir l'idée. On lit dans le procès du général *Gilly* ces mots de M. le baron *de Damas* : « Le général *Gilly* n'était pas aimé, « mais je ne *soupçonnais* pas alors qu'un général français pût « trahir ses sermens. »

Les sermens si solennellement renouvelés et si promptement violés du maréchal *Ney* forcèrent le Roi à quitter la capitale; et sans le parjure de quelques chefs de la garnison de Lille, cette excellente ville aurait conservé le monarque que la France entière en armes aurait promptement environné, et nous n'aurions pas éprouvé une invasion et ses suites.

Personne ici n'a trahi, s'est cependant écrié M. le général Foy, dans cette même séance; les *membres de l'*opposition *ont tous été fidèles à leurs sermens, parce que, pour eux, le premier serment, celui qui les domine tous, est la fidélité envers la patrie.* Et cette fidélité à la patrie les obligeait à *conspirer* pour ramener Bonaparte en France, et pour soumettre leur pays au joug de ce tyran!

Par une juste conséquence, lorsque M. *de Martignac* rappela à la tribune le serment fait par les avocats de Bordeaux, le 20 mars, en présence de l'auguste fille de Louis XVI, de ne jamais porter la parole devant un tribunal qui ne rendrait pas la justice au nom du Roi, M. *de Lameth* s'écria : *c'était une forfaiture !* doctrine qui fut développée quelques jours après par M. *Manuel.*

C'était une *forfaiture*(1) aussi que cette circulaire adressée par M. le maréchal duc de Bellune, comme gouverneur de la seconde

---

(1) Il faut bien que les *généraux* du côté gauche le pensent ainsi : jamais on ne les a vus ni se lever, ni même faire un signe de salut, lorsque M. le maréchal de *Bellune* est passé devant leur banc pendant la discussion du *budget* de la guerre. Ne pas se lever devant un *maréchal de France* est assurément la meilleure preuve que des généraux *libéraux* ne sont pas des généraux *français* !

division militaire, aux colonels des régimens qui se trouvaient sous ses ordres.

« Dites aux troupes que, si oubliant ce qu'elles doivent à leur « patrie et à leur Roi, elles commettaient la lâcheté de se livrer « aux rebelles, elles verraient sous peu les troupes étrangères sur « notre territoire, toutes les horreurs d'une guerre dont elles se- « raient la cause, et la perte honteuse et irréparable de l'*hon-* « *neur national....* ! »

Elle commit aussi une *forfaiture* la Chambre des Députés, qui accueillit avec tant d'applaudissemens le mémorable rapport de M. *Faget de Baure*, sur le projet relatif aux récompenses nationales, où on lit ces paroles : « Un homme, le fléau de l'Europe, « qui a long-temps opprimé notre patrie sous un joug de fer, « et contre lequel nous avons tous unanimement prononcé une « sentence solennelle de déchéance, à laquelle il s'est lui-même « soumis par son abdication, cet homme ose tenter aujourd'hui « d'asservir la France. Il n'avait point d'armée, mais il a « compté en former une avec des *traîtres* et des *transfuges*, « et tel est son *mépris pour l'espèce humaine*, qu'il n'a « pas un instant douté du succès. » Et plus loin, « Nous ou- « blierons volontiers que quelques hommes *indignes du nom* « *de soldats* ont déserté la cause de la patrie, et trahi leur « devoir. Nous aimons à espérer qu'après un instant d'égarement « ils reconnaîtront la perfidie qui les a conduits vers le crime, et « qu'ils se sépareront avec horreur du drapeau sous lequel ils se « sont rangés ! Et quelle pourrait être en effet leur espérance ? « Voudraient-ils, s'ils avaient le malheur de faire triompher l'op- « presseur, voudraient-ils que leurs pères, leurs frères, leurs « enfans puissent leur dire : *Après vingt-cinq ans de révolution* « *et de guerres, nous respirions enfin sous le gouvernement* « *paternel d'un bon Roi : une Charte garantissait la liberté* « *politique et civile ; nous avions atteint, après tant d'essais* « *infructueux, la seule constitution qui pût convenir au* « *noble caractère de la nation française ; elle commençait à* « *se développer de manière à s'améliorer sans cesse, et vous*

« *êtes venus; vous nos fils et nos frères, nous imposer de*
« *nouveau le joug du despotisme, nous apporter la guerre*
« *civile, et nous condamner à un siècle de calamités!* »

Le 20 mars à midi, plusieurs heures après que l'hôtel des Postes, l'hôtel de l'Etat Major de la place, l'hôtel du Ministre de la Police étaient déjà occupés par les fonctionnaires de Bonaparte, et que par ses troupes il était le maître de Paris, la Chambre des Députés se réunit au lieu de ses séances, et accueillit par les cris de *Vive le Roi*, la proclamation lue par son président (M. *Lainé*), par laquelle S. M. promettait de la réunir prochainement dans la ville qui serait indiquée. Certainement la Chambre des Députés tomba en *forfaiture*, car Bonaparte était déjà souverain *de fait*.

MM. *Foy*, *de Lameth* et leurs amis ont cependant déduit de justes conséquences. La trahison n'a pas été punie, elle a même été *récompensée*; (1) elle n'était donc pas trahison aux yeux des ministres du Roi. C'est peut-être la plus importante leçon politique que les gouvernemens aient reçue dans aucun pays et dans aucun temps.

Mais si on ne voulait pas punir les *parjures*, il ne fallait pas du moins les admettre à de *nouveaux sermens*. En Angleterre, à la restauration de Charles II, on exclut de l'éligibilité au parlement et de tout droit politique, les membres des *hautes Cours de justice*, (on ne parle pas des membres de la *haute Cour de justice* qui avait jugé Charles Ier. Le parlement les condamna tous à mort.) et les *cortès* d'Espagne, en cela conséquens, ont exclu de même de tout droit politique, les soixante-neuf Députés qui présentèrent au Roi, rentrant en Espagne en 1814, la fameuse déclaration contre la constitution de Cadix. Les *Républicains* du parti de *Cromwell* ne pouvaient pas être admis dans les *fidèles Communes* d'Angleterre, pas plus que les royalistes espagnols dans le congrès *républicain* de l'Espagne.

---

(1) M. le général *Foy* fut désigné par le ministère même au choix de son département. Lorsqu'il a été élu, il venait de recevoir la plus grande marque de confiance que pût donner le gouvernement : M. *Gouvion-Saint-Cyr* lui avait confié les mêmes fonctions d'*inspecteur-général* qu'il exerçait à Nantes au 20 mars.

Par l'effet de cet étrange oubli de toute prudence, les deux côtés de la Chambre des Députés de France n'ont pu composer une assemblée délibérante, mais ils forment deux corps politiques opposés sur tous les points et dans un état de véritable guerre, source de toutes les conspirations. Cette grande erreur ne pourrait-elle pas être réparée? Notre loi politique exige qu'un Député fasse serment de fidélité au Roi. Les Députés qui ont professé dans la Chambre même, qu'être fidèle au Roi était une *forfaiture*, que l'*usurpation* et la *légitimité étaient des mots sans valeur*; qu'au 20 mars, ceux qui avaient trahi le Roi, *n'avaient pas trahi leurs sermens*, ces hommes-là ne sont-ils pas censé avoir révoqué leur serment prêté à S. M. à leur entrée dans la Chambre, et la Chambre ne pourrait-elle pas déclarer qu'elle le tient pour révoqué?

C'est une question sur laquelle on peut appeler la méditation de tous les gens de bien, de tout Français qui veut prévenir le bouleversement de l'état. M. le général Foy obtint des lettres de *comte*, et fut reçu chevalier de Saint-Louis en 1814. Je lis dans le *Guide Electoral*, publié par M. *Brissot-Thivars*, en 1820. « M. le « général Foy...., nommé inspecteur-général d'infanterie après la « restauration, en 1814. Il en exerçait les fonctions à Nantes, « au mois de mars 1815. Il reçut le commandement d'une division « dans le corps d'armée du comte d'Erlon, pour la campagne de « 1815, et fut blessé à *Waterloo.* »

Il n'y a rien à dire sur ce qu'on a fait à cette époque : tout est effacé par la loi d'*amnistie* du 12 janvier 1816. Mais lorsque dans la séance du 29 janvier 1822, M. le général Foy déclara qu'en 1815, il a été *fidèle à son serment*; lorsque dans la séance du 28 mars suivant, il s'écrie sur le mot de *clémence*, prononcé à la tribune : *Voilà la chose la plus indigne qui ait jamais été dite.* — *Nous n'avons pas besoin de clémence*; et enfin, lorsque dans la séance du 15 avril, il a ajouté, « *il faut en finir avec ces mots sans valeur de légitimité et d'usurpation*; il est évident que M. le général Foy a fait une profession publique de n'être lié par aucun de ses sermens de fidélité à l'égard du Roi de France.

Remarquons cependant que notre loi politique oblige tout Député à faire serment de fidélité au Roi : Or, il est de principe qu'un serment n'a de valeur que celle que lui donne, dans sa conscience, celui qui le prête : donc M. le général Foy, d'après ses déclarations solennelles faites à la tribune, n'a prononcé que de vains mots lorsqu'il a été admis, sous la foi du serment, dans la Chambre des Députés ; et il n'a pas promis fidélité au Roi de France.

D'après ses déclarations publiques, M. le général Foy n'est donc point *légalement* Député, puisqu'il n'a pas rempli une des conditions légales et nécessaires. La Chambre peut donc l'exclure de son sein.

Et si à un raisonnement si concluant on voulait joindre des *précédents*, on dirait que dans notre ancienne législation, quoique les membres des cours de justice ne pussent être privés de leur place que pour *forfaiture jugée*, cependant ces anciennes compagnies étaient en *possession* (d'après de longs *précédens*) de rayer du *tableau* tout membre dont la conduite, ou même les discours, leur auraient paru répréhensibles d'une manière très-grave, quoique cela n'allât pas à *forfaiture* ; et que d'ailleurs la peine de la *forfaiture* aurait été certainement prononcée contre un magistrat qui, dans ses fonctions, aurait déclaré que la *légitimité et l'usurpation étaient de vains mots*, et qu'on n'*était plus factieux quand on avait vaincu.*

Mais la tribune donne une *inviolabilité* que n'avait pas notre ancienne magistrature ; c'est donc du pays dont nous avons pris la forme actuelle de notre Chambre des Députés, que nous devons prendre aussi les *précédens*, propres à régir une pareille institution. Je vais citer l'exclusion la plus fameuse qui ait eu lieu sous le règne de Georges III.

En 1763, M. *Wilkes*, membre de la Chambre des Communes, composa et publia un écrit dans lequel il disait que le Roi avait proféré une fausseté dans son discours au parlement ; la Chambre des Communes, à une grande majorité, prononça son expulsion, et vota une adresse au Roi, pour prier S. M. de faire poursuivre *Wilkes*, sur la double accusation de *libelle* et de blasphème (cette dernière accusation était relative à un autre écrit du même auteur)

M. *Wilkes* s'enfuit en France; et il fut condamné, par contumace, à douze mois de prison pour le blasphème, à dix pour le libelle contre le Roi, et à mille liv. st. d'amende. Etant rentré en Angleterre en 1769, et s'étant remis en prison pour subir sa peine il fut élu Député par le comté de *Middlesex*; la Chambre prononça de nouveau son exclusion. Dans cette discussion M. Georges *Grenville* qui proposait une nouvelle rédaction de la déclaration d'*exclusion*, s'exprima ainsi, « je suis parfaitement d'accord avec « le préopinant qui vous a dit que cette Chambre a le droit d'ins- « pecter la conduite de ses membres, droit qu'elle a déjà exercé « dans une *infinité* de circonstances différentes, où elle leur a « fait leur procès, les a censurés, les a *expulsés* de la Chambre « suivant le cours établi de notre procédure, conformément à la « jurisprudence du parlement. »

M. *Wilkes* étant exclu pour la seconde fois, un ordre fut adressé au comté de *Middlesex* de procéder à une nouvelle élection; ce comté nomma encore M. *Wilkes*; la Chambre des Communes déclara que cette nouvelle élection était annulée par son expulsion antérieure. Le comté eut un nouvel ordre de réélire son Député La majorité renomma encore M. *Wilkes*, et la Chambre des Communes déclara de même cette élection nulle, et reconnut pour Député le colonel *Luttrel*, qui avait eu le plus de suffrages après M. *Wilkes*. Dans ce temps-là même, paraissaient les lettres de *Junius*. Le grand publiciste qui se cachait sous ce nom, ne contesta pas le droit qu'avait eu la Chambre d'exclure M. *Wilkes*. Il ne se plaignit que de l'admission du colonel *Luttrel*. « Quoi, mi- « lord, écrivait-il au duc de Grafton, ne voyez-vous pas la dis- « tance immense qu'il y a entre le *pouvoir négatif* de rejeter un « homme, et le *pouvoir positif* d'en désigner un autre? Le droit « d'*exclusion* n'est qu'un *usage* du parlement; le droit d'élec- « tion est de l'essence même de la constitution (1).

Ainsi, en Angleterre *Whigs* et *Torys* sont d'accord qu'on ne peut contester à la chambre des communes le droit d'exclure un de

---

(1) The letters of Junius. V. 1, p. 55. Edition de Londres, 1771.

ses membres : c'est que sans ce droit l'existence d'un gouvernement représentatif serait impossible. Peut-on supposer qu'un état quelconque, le plus heureux, le mieux administré qu'on pût l'imaginer, pût résister à l'action continuelle d'un ou de plusieurs *tribuns* qui proclameraient tous les jours « que les droits du roi, « que ceux des chambres sont illusoires; que les hommes ne sont « pas liés par leurs sermens, qu'il n'y a d'autre droit que celui « du *plus fort*; que *les factieux ne sont plus factieux quand* « *ils ont vaincu*, » et qui ainsi appelleraient chaque jour, tous les scélérats d'un empire, à la révolte, à l'incendie, aux assassinats et à tous les genres de crimes.

Ce droit de la Chambre est évident, puisque la Chambre et l'Etat ne sauraient exister sans l'exercice de ce droit. Cependant je dois m'attendre que quelques personnes trouveront cette proposition *hardie*. Je déclare qu'à mes yeux, c'est l'opinion de ces personnes qui est *hardie*, qu'elle est même hardie jusqu'à la dernière témérité, puisqu'il est évident qu'il n'y a pas de danger égal à cette proclamation continuelle des principes impies et séditieux à la tribune. Mais, ajouteront encore ces personnes, M. le général *Foy* vous a dit, que si le général *Berton* s'était mis en guerre avec le Roi de France, c'est qu'aussi le gouvernement du Roi avait été l'agresseur envers *Berton*; que d'ailleurs M. le général *Foy* tient que la légitimité et l'usurpation sont de *vains mots*, et que par conséquent, si on l'élimine de la Chambre, il pourrait bien *tenir la campagne* contre le Roi.

A cela je dirai que l'on sait bien que *Marius*, après avoir sauvé Rome de l'irruption des *Cimbres*, se rendit maître de Rome; que *Sylla* en fit autant après avoir vaincu Mithridate; que *César*, après avoir conquis les Gaules, devint le maître de sa patrie, et que *Bonaparte*, après avoir conquis l'Italie, se vit à même de dicter des lois dans Paris. Mais je suis bien sûr que S. M. ne confiera pas une armée à M. le général *Foy*; ainsi il n'y a point à craindre qu'il revienne victorieux, pour renverser le trône. Mais, dira-t-on encore, on a découvert depuis deux ans une méthode plus abrégée de se rendre maître d'une grande nation; les *Pépé* et les *Riégo* ont tracé la marche. A cela je répondrai encore, qu'avec des ministres fidèles, qu'avec la police active et sûre qui s'est formée sous leurs ordres, on ne craint plus les *Pépé* et les *Quiroga*; et qu'enfin, en admettant toutes les suppositions, il vaudrait cent fois mieux avoir à expulser M. le général *Foy* du château de *Saumur*, de la forteresse de *Belfort*, ou même des forts de *Toulon*, que de le laisser paisiblement faire ses proclamations à la tribune.

Il faut ajouter une dernière considération. Autrefois les troubles civils étaient circonscrits aux pays qui avaient le malheur de les éprouver; ils avaient leur origine dans des querelles entre les différens ordres de l'Etat. Aujourd'hui on prêche la sédition d'après un principe universel. A la loi divine qui dominait toutes les législations, on a substitué le principe *athée* de la souveraineté du peuple et de l'*insurrection*; ainsi c'est au monde entier que M. le général *Foy* et ses amis, prêchent du haut de la tribune française, l'impiété et la sédition. Les souverains de l'Europe qui ont accompagné en France le Roi leur allié, devaient-ils croire qu'ils allaient remettre le pouvoir de leur faire tout le mal possible, à cette même faction qu'ils venaient de vaincre à *Waterloo?* Tout bon Français ne doit-il pas concourir de tous ses moyens à mettre une fin à des insultes si dangereuses; et tout chrétien qui voit chaque jour la religion publiquement blasphémée, ne doit-il pas considérer comme son premier devoir de faire absoudre les représentans de la France de la participation *passive* à tant d'horreurs?

Les amis de M. le général *Foy* ont manifesté les mêmes principes sur les *sermens*; et par les mêmes raisons, on devrait exclure de la Chambre tout Député qui ne signerait pas une déclaration rendue nécessaire par la manifestation de ces affreux principes, et par laquelle chaque Député reconnaîtrait que dans aucun cas il ne peut cesser d'être lié par le serment de fidélité qu'il a prêté à S. M.

En attendant une délibération si importante et même si nécessaire, on demandera comment, dans le même pays où on a privé le général *Donadieu* de son traitement pour une querelle privée avec un ministre, on donne les fonds de l'état à des hommes qui, en publiant de telles maximes, se déclarent en guerre avec la monarchie et la société? Cela n'autorise-t-il pas aussi à traiter *de mots sans valeur la* légitimité *et l'*usurpation.

P. S. Le Roi de Prusse vient de donner à ce sujet un grand exemple, par son *ordre du cabinet* du 25 avril, ainsi terminé. « Je déclare ici ma ferme volonté que les instigateurs ou les com« plices des menées démagogiques quelconques ne soient point « *placés* ni avancés dans mes états, et qu'ils n'aient point non « plus de *traitement* sur les fonds publics, qu'on ne peut employer « qu'en faveur de mes *fidèles sujets.* »

Il est probable que si l'on n'avait suivi des principes tout contraire, en France, depuis cinq ans, il n'aurait pas manqué tant de royalistes aux élections actuelles. Aux motifs naturels à de *fidèles sujets*, se serait joint l'intérêt de *pères de famille* qui auraient espéré de trouver dans leurs Députés, ce patronage qui est le mobile, presque unique, des élections en Angleterre, comme dans tous les pays. Les *libéraux* l'entendent bien; c'est par leur patronage qu'ils étendent à tout et à toutes les conditions, qu'ils se procurent des électeurs si zélés, et qu'ils séduisent surtout tant de jeunes gens destinés à remplir un jour les plus importantes fonctions de la société.

OBSERVATION PARTICULIÈRE.

Ces hommes qui déclarent une guerre si publique au gouvernement du Roi, se font une politique de ne paraître pas craindre que le gouvernement la leur déclare à eux-mêmes. On lit dans les journaux, au sujet de la séance du 20 avril (sur laquelle il faut voir un excellent écrit de M. de Frenilly) le paragraphe qui suit :

« Pendant l'appel nominal (l'un des quatre appels que les députés du côté « et du centre *gauches* ont rendu nuls par leur refus de voter), on remarque « que MM. *Lafitte*, *Foy*, et *Sébastien* s'approchent du banc des ministres : « Il s'établit, entre les honorables membres et MM. Corbières et de Peyronet, « une discussion animée, qui attire un grand nombre de députés des di« verses parties de la salle. Pendant environ un quart d'heure *le banc des mi« nistres* est entouré, et la conversation paraît fort vive. On entend l'honorable « M. *Lafitte* prononcer à plusieurs reprises et assez haut les mots *concours*, « *emprunts*, *avances* et quelques autres termes de finances. Cet incident fixe « toute l'attention de la Chambre et des tribunes. »

Les députés de ce bord ont adopté cette tactique depuis que les ministres actuels sont en place. On a vu, tous les jours pendant la session, les députés qui ont attaqué avec le plus de violence et le trône et les fondemens même de toute société, venir, en descendant de la tribune, s'entretenir *familièrement* avec les ministres du Roi, comme pour faire croire *aux tribunes* que ces attaques inouïes étaient dans les limites d'une opposition constitutionnelle, et qu'en France des *ennemis* publics du trône pouvaient *licitement* jouer à renverser la monarchie, comme ailleurs des *rivaux* dans la carrière de l'administration attaquent les ministres pour les remplacer dans le *service* du Roi et de la patrie.

Cette habitude qu'ont prise les députés du côté gauche de *causer* avec les ministres, a été facilitée par l'usage que les précédens ministres ont adopté de s'asseoir sur un banc placé du côté où ils ont eu leurs *auxiliaires*, depuis les premières discussions de la Chambre de 1815, jusqu'en février 1820. Il est dans les convenances que les ministres actuels se placent sur le banc qu'ils ont au *centre droit*. Ainsi, ils n'auront plus pour voisins *immédiats* des hommes qui ont l'air de s'entretenir en toute confidence avec eux pendant les séances entières, tandis que leurs *amis* les insultent à la tribune. Cela n'arrive jamais en Angleterre : les membres de l'*opposition* sont assis du côté opposé au ministère ; et jamais député *radical* n'a traversé la salle pour *causer* avec un ministre.

On doit cependant reconnaître que dans le *côté gauche*, le seul homme qui joigne beaucoup de connaissances à beaucoup d'esprit et de talent, M. *Bignon*, n'a jamais été vu assaillir ainsi les ministres de ses *causeries*. On doit dire aussi qu'on n'a jamais vu aller à leur banc les hommes qui ont les traditions parlementaires, comme MM. de *Lameth*, de *La Fayette*, et quelques députés de leur temps. M. *B. Constant* a trop d'esprit aussi pour sacrifier ses convenances à ces petits calculs.

CONCLUSION.

CONCLUSION.

On a recueilli, en 1822, les derniers fruits de la semence si abondante qui a été jetée en 1816. On dit alors à ceux qui avaient trahi tous leurs sermens, qui avaient forcé le Roi à se séparer de ses sujets, et qui font subir à la France les frais immenses d'une invasion : « qu'à eux seuls appartiennent les récompenses et les « honneurs, qu'eux seuls sont des esprits éclairés, des hommes « habiles, de grands citoyens » (1); et pour leur donner toutes les récompenses et tous les honneurs on ôta tout aux hommes fidèles, aux serviteurs les plus zélés de S. M. (2).

Depuis la manifestation de ce *système*, la destruction inévitable et prochaine de tout principe monarchique et même *social* fut vue clairement par toute personne qui voulut ouvrir les yeux. La révolution devant laquelle le ministère venait de lever toutes les barrières, ne cessa de s'avancer d'année en année. Bientôt, comme en 1792, établie solidement en France, elle a pu envoyer

(1) Voyez le passage entier de l'écrit publié par M. de *Châteaubriand* en 1817, cité plus haut, pag. 24.

(2) Remarquons pour une dernière fois que cet effroyable *système* qui n'a consisté qu'à mettre en principe de *récompenser le crime et punir la vertu*, n'est dû qu'à un seul homme et à ses *courtisans*. Personne n'a pu mieux le savoir que M. *Guizot*, *l'ami* et le premier commis de ce ministre. « En 1815, M. « *Decazes*, dit M. *Guizot*, connut le danger du *pays*, celui du *trône*, *le sien* « *propre*. On *assure* qu'avant la fin de la session, il avait pressenti que la « dissolution de la Chambre serait nécessaire et possible. Quoi qu'il en soit, « il la conseilla positivement au Roi et *à ses collègues*..... C'est quelque chose « dans la vie d'un homme que d'avoir *entrepris* et *exécuté* ce que la veille *nul* « au dehors ne jugeait probable. »

Tout le *système* a été la suite nécessaire de ce seul acte. Remarquons encore une dernière fois la parfaite identité des hommes du *système* avec les hommes de la *révolution du 20 mars*; ils sont entrés ensemble à la Chambre des Pairs, lors de la promotion des soixante, et ils n'ont cessé de voter ensemble. Un journal appartient depuis quelques mois à l'auteur du *système*; il est encore plus hostile contre les royalistes que ne le sont les journaux de la *révolution*.

P. S. Les mêmes billets viennent de porter M. *Decazes* et le maréchal *Soult* pour scrutateurs dans un des arrondissemens de Paris !

ses agens, ses doctrines et même des *subsides* aux révolutionnaires d'Espagne, de Naples et du Piémont.(1) Ayant ainsi augmenté ses forces par la grande conquête de l'Espagne, ses orateurs n'ont plus rien dissimulé : « la France, ont-ils dit, a reçu les Bourbons « avec répugnance. — La légitimité et l'usurpation sont des mots « sans valeur. — Ils ne sont pas liés au Roi par leurs sermens. « — Ils ne seront plus factieux quand ils auront vaincu. »

Cet appel à l'*énergie* des révolutionnaires a été entendu par leurs *sicaires* dispersés dans toutes les parties de la France; chaque semaine se manifeste un nouveau complot; et les départemens les plus voisins de la capitale sont livrés à des incendies qu'on ne voit point cesser.

Nous sommes donc en état de guerre déclarée et *dénoncée* publiquement à la tribune par les *hérauts* de la faction. Où est la force de ces hommes qui osent ainsi se déclarer en guerre avec la France; elle n'est ni dans les soldats de S. M., ni dans le peuple français : elle est toute dans le *système* qui a livré le pouvoir aux ennemis du trône et qui a éloigné ses soutiens.

Enfin le Ciel a inspiré à S. M. de choisir ses conseillers parmi ces hommes même qui avaient été si long-temps calomniés auprès d'elle. Le général qui a sauvé *Grenoble* est déjà annoncé à l'armée fidèle qui est en face de *Riégo*, de *Montarlot*, de *Nantil* et de *Berton*. Le général qui a sauvé *Lyon* pourra encore servir son Roi. Tant de militaires, tant d'administrateurs, repoussés,

---

(2) Je ne citerai qu'un seul fait qui prouvera combien l'adhésion du ministère donna de la force à la *propagande* révolutionnaire. On le trouve dans un écrit plein de talent, publié par un officier piémontais, sous ce titre : Simple récit des événemens arrivés en Piémont dans les mois de mars et d'avril 1821. « Les mal-« intentionnés se trouvaient sans unité et sans moyen d'agir; mais le corps di-« plomatique vint à leur secours..... Depuis la restauration, l'hôtel de l'am-« bassadeur de France avait toujours été le point de réunion des personnes oppo-« sées au gouvernement du Roi. Peu à peu cet hôtel devint le rendez-vous des « malveillans, et *en* 1819 *enfin le club des conjurés*. On y prêchait ouverte-« ment les maximes de la *Minerve*. » Pag. 9. A cette même époque, *Mina*, pensionné par le ministre de la Police de France, partit pour l'Espagne.

punis pour leur fidélité, pourront rendre de nouveaux services. Enfin en face des ennemis les plus *audacieux* le ministère opposera ce que la France monarchique et fidèle a de *plus fort*.

Comme c'est avec des *doctrines* que la révolution prépare la guerre, on lui opposera avec zèle la seule *doctrine* qui protége la société. On se hâtera de remplir le devoir le plus sacré, et que tout état chrétien, depuis *Constantin* et *Clovis*, a toujours placé au premier rang, celui de fournir à l'établissement des évêques; nos diocèses ne réclameront plus en vain les pasteurs que le Roi a nommés, et que le Souverain Pontife a institués depuis cinq années. (1) Enfin on verra l'instruction publique confiée à des hommes qui inspireront à la génération nouvelle l'amour de la religion et de leur Roi.

Quant à la liberté de la presse que nous avons reçue d'Angleterre, ne lui imposererons nous pas aussi les bornes que l'expérience lui a fixées dans ce pays? Les provocations à la révolte et aux conspirations, publiées à la tribune, ne seront-elles pas circonscrites dans l'enceinte de la Chambre? et les écrivains périodiques ou autres, qui tenteraient de les produire au dehors, et de les transformer ainsi en vraies *proclamations*, ne seront-ils pas punis, de même qu'en Angleterre, comme s'ils avaient *eux-mêmes* composé ces écrits? Enfin la législation française ne trouvera-t-elle pas des moyens efficaces d'arrêter la propagation toujours croissante des

---

(1) Par le concordat de 1817, le Roi avait rempli tous ses devoirs à l'égard de la Religion et envers ses sujets. Tant de bien que quarante évêques auraient fait depuis cinq années dans l'ordre spirituel et temporel, a été empêché par la politique personnelle d'un seul homme. — Il aurait fallu qu'il laissât voir au Roi tout le *côté droit*, qu'il calomniait tous les jours à ses yeux, voter avec le plus grand empressement la loi qui tenait le plus au cœur de S. M. Il aurait fallu qu'il consentît à laisser jouir la France de tous les avantages d'une transaction terminée à Rome par un ancien serviteur de son Roi; enfin surtout il voulut donner ce gage immense au parti libéral avec lequel il venait de traiter définitivement. — Cherchez dans les annales des monarchies, vous ne trouverez pas un autre exemple d'une aussi audacieuse trahison! — Ce sujet est traité à fond dans le *Projet d'accusation* contre M. Decazes, 5e partie, et les *Pièces justificatives*.

livres impies, principe de tous les malheurs et de toutes les révolutions?

Alors la monarchie française retrouvant l'ancienne force, la paix intérieure, la prospérité que le christianisme lui avait données, se gouvernant dans les formes prescrites par une constitution dont l'auguste auteur a *cherché les principes dans le caractère français et dans les monumens vénérables des siècles passés* (1), donnera au monde l'exemple d'un gouvernement heureux et paisible; et la France sera, pour les gouvernemens voisins, une cause de sécurité, au lieu d'être l'objet de leur inquiétude (2).

Mais pour remporter cette victoire si facile et néanmoins si décisive pour la monarchie légitime, et dont les heureux effets

---

(1) *Expressions du préambule de la Charte.*—Que sera notre Chambre des Pairs, dès que S. M. voudra, sans rien toucher à ce qui existe, la constituer conformément au *caractère français* et aux *monumens vénérables des siècles passés*, sinon une assemblée où les évêques et les grands du royaume feront la loi? Que sera la Chambre des députés sous un ministère fidèle, sinon la représentation des propriétaires de France, comme étaient nos anciennes Chambres des *communes* ou du tiers-état? Et notre magistrature que lui manquait-il pour être digne de succéder à l'ancienne magistrature française? sinon que d'avoir à sa tête un magistrat qui en a reçu les traditions héréditaires, de courage, de fidélité, de dévouement sans bornes à la monarchie légitime, et qui ne présentera au choix de S. M. que des sujets fidèles, animés des mêmes sentimens.

(2) On ne peut mieux voir cette *inquiétude* des gouvernemens de l'Europe à l'égard de nos révolutionnaires, que dans l'ouvrage publié par ordre du ministère anglais, sous ce titre: *Etat de l'Angleterre au commencement de 1822*. « Les ministres de S. M. se rappellent que les premiers chefs des *Whigs* eux-« mêmes, lord *Fitz-William*, M. *Windham* et d'autres de noms également « célèbres, avaient toujours appréhendé une communication trop libre avec la « France; et que, pendant la guerre de la révolution, ils avaient toujours pré-« senté, comme un des effets les plus redoutés de la paix, une libre relation « entre les révolutionnaires de France et les réformateurs d'Angleterre et « d'Irlande, modérés dans leurs principes, si on les compare aux premiers. Les « ministres de S. M. partagèrent les craintes du noble lord et des autres *Whigs* « encore existans. Ils ne purent pas se faire à l'idée d'ajouter les leçons de « M. *Constant* aux discours de M. *Hunt* (p. 114). » Cette *inquiétude* et la politique qui s'en suit, cesseront de la part de l'Angleterre et de tous les Etats de l'Europe, quand on empêchera M. *Constant* et ses amis de faire de la tribune française le foyer des *doctrines révolutionnaires*.

s'étendroient, dans des rapports plus ou moins éloignés, sur tous les états de l'Europe, n'est-il pas suffisamment prouvé par l'expérience acquise depuis le *19 août* 1820, qu'on ne peut se confier uniquement sur la marche ordinaire des lois? Nos ministres pourront-ils se dispenser d'imiter le gouvernement anglais, qui, depuis l'époque même où la constitution a acquis sa dernière forme, a été obligé de suspendre si souvent la loi d'*Habeas corpus*? Et pour défendre les propriétés qu'un *système* de destruction attaque avec tant d'audace, ne seront-ils pas tenus aussi d'avoir recours à la faculté que donne la Charte, de rétablir les juridictions prévotales?

Quant à cette partie du *peuple libéral*, présidé par *Riégo* qui est avec la France en état de guerre déclarée, non-seulement pour avoir refusé, contre le droit des gens, l'*extradition* de *Montarlot*, de *Nantil*, de *Berton*, mais pour avoir laissé ces conspirateurs sur nos frontières et en pleine liberté de suivre toutes leurs trames, un semblable état de choses commande une grande attention : Je rappelerai, à ce sujet, quelques faits qu'il ne faut jamais perdre de vue.

La religion avait préservé l'Espagne des principes révolutionnaires, inspirés par la philosophie moderne : et tandis que l'Allemagne et l'Italie subissaient le joug de Napoléon, l'Espagne ne cessa de combattre pour son indépendance; et la défense de *Saragosse* surpassa par son héroïsme tout ce que les historiens racontent du siége de *Sagonte*. (1) Cependant quelques hommes retirés à Cadix, tandis que leurs compatriotes défendaient la religion et l'honneur de l'Espagne contre Napoléon, passèrent leur

(1) *V.* dans *Polybe* et dans *Tite-Live* l'histoire du fameux siége de *Sagonte*, et lisez ensuite le récit du siége de *Sarragosse* dans le style barbare des *bulletins* insérés au *Moniteur*, et vous verrez combien la Religion chrétienne a élevé les Espagnols modernes au-dessus des anciens, pour le courage et pour la persévérance à s'exposer à tous les périls et à supporter les plus extrêmes privations.

temps à compiler les livres des *philosophes français*; et ils dressèrent une constitution plus démocratique encore que la constitution française de 1791. Ces hommes ne représentaient pas les provinces d'Espagne: ils étaient sans *mission*, et cependant au lieu de soumettre leur projet de constitution aux différentes provinces, après qu'en 1813 Joseph Bonaparte eût été forcé d'évacuer l'Espagne, ils persécutèrent ceux qui ne voulurent pas s'y soumettre.

Ferdinand VII rentra en Espagne en 1814. Une députation des nouvelles *cortès* présente à S. M. C. la constitution de Cadix; soixante neuf députés élus par les provinces remettent au Roi une protestation,(1) où l'illégalité et les vices intrinsèques de cet acte sont

---

(1) Ce beau monument de la sagesse et de la fidélité des vrais Espagnols est l'ouvrage de M. *Bernard Mozo-y-Rosales*, qui en est le premier signataire. Il a été créé depuis, par Ferdinand VII, *Marquis de Mataflorida*, et nommé ministre de la justice; place qu'il a conservée jusqu'à la révolution de 1820. Alors il fut forcé de sortir d'Espagne; un décret des *Cortès* a privé tous les signataires de la déclaration de Valence, de l'exercice de droits politiques et de toutes fonctions publiques.

Tous les hommes éclairés de l'Europe n'ont cessé de partager les sentimens de ces respectables Espagnols sur la nécessité de convoquer les anciennes *Cortès*. Avant que les dernières conspirations eussent éclaté en Espagne, M. le vicomte de *Châteaubriand* donnait à Ferdinand VII les conseils suivans, en gardant la mesure qui était commandée à un étranger :

« Les rois les plus forts, dans des circonstances difficiles, ont quelquefois « besoin de secours. Les Français ont laissé en Espagne des traces qu'il n'est « plus possible d'effacer : ils ont porté dans ces anciens royaumes des idées nou- « velles; ils ont fait sentir à la lenteur espagnole l'activité de notre génie et de « notre génie armé. N'y avait-il aucun moyen de contenter le nouveau besoin « des esprits, de faire au présent des concessions sans rompre la chaîne du « passé, sans choquer les mœurs, sans détruire l'autorité des traditions et la « vénérable législation des siècles? Peut-être aurait-on atteint ce but en réta- « blissant les anciennes Cortès. Elles étaient tombées en désuétude, et par cette « raison même on aurait eu, en les faisant revivre, l'avantage de trouver une « espèce de constitution nouvelle dans une ancienne institution. La grande « erreur de ceux qui vantent le gouvernement représentatif, sans l'aimer au « fond, et surtout sans le connaître, c'est de croire qu'il puisse s'établir sur « d'autres bases que sur celles qui fondent toutes les sociétés, la religion et la « justice; c'est de penser qu'il puisse se fonder dans la démocratie, et qu'il ne « soit pas sujet à mille formes, selon les temps, les lieux et les mœurs. On peut « être libre avec les vieilles Cortès de l'Espagne comme avec les deux Chambres

démontrés, et où ils demandent au Roi, au nom de l'Espagne, de conserver l'ancienne constitution de la monarchie, et de convoquer les *cortès* dans la forme consacrée par les siècles.

Le Roi refusa la nouvelle constitution, aux applaudissemens de tout le royaume, et il alla droit à Madrid, où il se remit en possession de l'autorité de ses pères. Bientôt les conspirations commencèrent; mais ce qui est décisif pour juger de la véritable opinion de l'Espagne, ces conspirations furent toutes *militaires*; et comme elles n'avaient point d'appui dans les sentimens de la nation, ces conspirations renouvelées pendant six années, furent toujours complètement réprimées.

Mais le Roi, pressé par les affaires, apporta trop de délais à réunir les anciennes *cortès*: abandonné ainsi à ses propres lumières, ce prince infortuné trouva des traîtres parmi ses ministres et ses premiers serviteurs: sept mille soldats, réunis à *l'île de Léon*, que vinrent seconder dans le nord la conspiration de *Mina*, et la conduite perfide que tinrent, dans Madrid, quelques hommes auxquels le Roi avait livré sa confiance, disposèrent du sort de l'Espagne.

Dans cette antique monarchie que le christianisme avait rendue le modèle de la fidélité, l'impiété philosophique a tellement dénaturé le caractère national de ceux qui sont devenus ses adeptes, que les traîtres, après leur succès se sont vantés, avec une impudence jusqu'alors inouïe, des trames qu'ils avaient ourdies pendant six années, en ne cessant de témoigner un dévouement entier au monarque. Cependant le Roi seul était trompé; tous les *comités révolutionnaires* de l'Europe connaissaient la marche de la conspiration; ils l'alimentaient avec les *trésors communs*, et ils en annonçaient la prochaine issue.

Parmi mille preuves de cette conspiration des hommes qu'em-

« modifiées d'après les différens principes adoptés en Angleterre, en France, en « Allemagne et dans les Pays-Bas.... Ferdinand VII saura bien juger dans sa « sagesse le moment où il sera bon de fortifier son pouvoir par des institutions « politiques.... »

Le *Conservateur*, t. 6, p. 252.

ployait Ferdinand VII, il faut citer l'audace avec laquelle l'ambassadeur d'Espagne en Piémont, le chevalier *Bardaxi y Azara*, travaillait à l'œuvre de la révolution européenne, sans se donner la peine de cacher sa criminelle conduite. On trouve ces détails dans l'excellent écrit sur la conspiration du Piémont, composé par un officier piémontais, témoin oculaire, que nous avons déjà cité. « L'ambassadeur d'Espagne, cachait quelquefois chez lui les « mauvais sujets dénoncés à la police, et leur fournissait ainsi « les moyens de séjourner à Turin. Les caves et le salon de cet « ambassadeur étaient déjà des chaires *publiques* d'insurrection, « avant que les *Riégo* et les *Quiroga* eussent traîné dans la « boue les lauriers du peuple espagnol. Mais au moment où la « péninsule eût donné l'exemple de la révolte militaire, l'attaque « contre le Piémont devint directe : Bouleverser ce petit pays, « tel fut le but des libéraux de France et d'Espagne, et bientôt « des carbonari de Naples et de Lombardie. »

Tout montre que le peuple espagnol a succombé aux trahisons réunies de quelques chefs de l'armée et de quelques hommes chargés de la confiance du Roi : aucun pays ne peut résister à cette double conspiration. Les peuples d'Italie en ont été délivrés ou préservés par le voisinage de l'Autriche; le *système* ministériel de France a été le rempart des révolutionnaires espagnols.

Mais la France doit-elle abandonner cette malheureuse nation à la férocité et à l'impiété de ses tyrans? Ici j'exprimerai mon opinion *particulière* avec la parfaite *indépendance* où me place ma *position politique*; et je dirai tout ce qui me sera inspiré par l'amour de mon pays et de l'humanité.

En 1776, les colonies anglaises se déclarèrent en *insurrection*. La France reçut le négociateur Franklin (1); nos villes maritimes

---

(1) « *Quand armera-t-on en faveur des insurgens?* On n'entendait que ce cri « en France. La nation trompait son gouvernement et se trompait elle-même en « exagérant les avantages commerciaux qui devaient résulter de l'indépendance « des colonies anglaises. La philosophie trouvait la politique trop lente à secon- « der ses vœux; les poëtes qui depuis long-temps s'étaient fait les échos des

envoyèrent des armes aux *insurgés*; M. de *LaFayette* partit pour se joindre à l'armée américaine, et il fut bientôt suivi par MM. *de Lameth*, et plusieurs jeunes officiers français. Le gouvernement anglais se plaignit en vain de ces infractions à la paix : la France persista dans sa conduite ; et elle faisait la guerre depuis deux ans à l'Angleterre, lorsqu'enfin elle la lui déclara.

Je demande si le *protecteur* des *Descamisados*, si *Quiroga*, si *Lopes Banos* ont des droits plus légitimes sur la nation espagnole, que n'en avait le roi d'Angleterre sur ses colonies; je demande s'il n'est pas vrai qu'il y ait des *insurgens* depuis la *Biscaye* et la *Navarre* jusque dans les provinces de *Grenade* et de *Murcie*; je demande si la France n'a pas le droit ou plutôt le devoir de donner des secours à ces *insurgens*? et enfin si M. le marquis de *Matta-Florida*, ministre de la justice de Ferdinand VII, et le vénérable archevêque de *Valence*, réfugiés à Toulouse, si M. le lieutenant-général *Eguia*, ministre de la guerre de ce monarque, et le saint évêque de *Tarazona*, qui sont actuellement à Bayonne, n'ont pas autant de droits à l'accueil du gouvernement français, que n'en avait en 1816 le philosophe *Franklin*? Me dirait-on que la

---

« philosophes, célébraient à l'envie les *insurgens*; l'esprit de mode propageait « la déclaration des *droits de l'homme*; nul titre ne paraissait plus beau que ce-« lui d'un citoyen de *Boston*. » (Histoire du dix-huitième siècle, par M. de Lacretelle, t. 5, p. 90.)

Mais il faut juger de l'état des esprits en France par ce qu'écrivait, au moment même, une femme dont on a publié les lettres :

5 mai 1818.

« *Voltaire* partage toujours avec *Franklin* les applaudissemens du public, « dès qu'ils paraissent, soit aux spectacles, soit aux promenades, aux acadé-« mies, les cris, les battemens de mains ne finissent plus. Les *princes* paraissent; « point de nouvelles. *Voltaire* éternue; *Franklin* dit: Dieu vous bénisse! et le « train recommence...... » (*Mémoires et correspondance de madame d'Epinay*, t. 3, p. 119). Dix ans après, le gouvernement, adoptant lui-même les conséquences des principes philosophiques, détruisit la monarchie de ses propres mains. — Après trente-cinq ans enfin, nous avons un ministère qui se mettra à la tête des hommes monarchiques, comme les ministres de Louis XVI s'étaient placés à la suite des révolutionnaires. Grande époque et si long-temps désirée!

cause du roi d'Espagne et de la religion est moins sacrée que celle de l'*insurrection* américaine? Il le faudrait bien, puisqu'on ne pourrait faire d'autre réponse.

Et si l'on se bornait à dire que l'intérêt du commerce devait porter la France à protéger l'insurrection américaine; que l'on se rappelle ce que disait, l'année dernière, à la Chambre, un Député des départemens frontières d'Espagne, M. Poiferé de Cere, député des *Landes*. « J'ose le proclamer à cette tribune, nous disait-il, « sans crainte d'être démenti : depuis la révolution d'Espagne, et « dans mon département, par exemple, le prix des denrées et la « *valeur des propriétés sont tombés de moitié*... Et comment « pourrait-il en être autrement?.... Nous sommes aussi isolés de « la péninsule que nous en étions rapprochés autrefois par de « *continuels échanges*, par l'industrie et le travail.... » Cette ruine totale de l'agriculture et du commerce, opérée par la révolution d'Espagne, est le sort de dix départemens; et les propriétés foncières y seraient, comme dans les départemens des *Landes*, réduites d'une moitié de leur valeur, si tout le monde n'y espérait que le Roi de France pourra dire encore une fois qu'il *n'y a plus de Pyrénées*.

En 1789, la trahison mit le meilleur des Rois au pouvoir des rebelles. Les deux frères de S. M. sortent de France; le roi veut se rendre dans une place forte de la frontière; l'assemblée usurpatrice demande un serment aux officiers de l'armée; le plus grand nombre refuse ce serment, et se rend à l'appel des princes; ils se réunissent en armes sous les ordres de L. A. R, dans les Pays-Bas autrichiens, dans les électorats du Rhin, en Piémont, en Espagne; l'assemblée qui domine la France, somme les divers souverains de ne pas tolérer ces rassemblemens armés; l'empereur et le roi de Prusse répondent par la déclaration de *Pilnitz*; les Princes de la Maison royale de France trouvent des *armes* et ensuite un asile dans toute l'Europe, jusqu'à l'époque où les souverains réunis les ont ramenés dans Paris.

Le roi d'Espagne a-t-il moins de droits aux secours de la France que n'en avait Louis XVIII et nos princes aux secours des électeurs de Trêves, de Cologne, de Mayence, du roi de Prusse et de l'empereur d'Allemagne? Et si les souverains réunis par la *sainte alliance* fournissaient les moyens à M. le lieutenant-général *Eguia* (capitaine-général du royaume de Grenade), ministre de la guerre de Ferdinand VII, d'armer tous les Espagnols émigrés; quelle est la loi qui empêcherait notre gouvernement d'autoriser de jeunes Français, élevés dans l'amour de la religion et de la monarchie, d'aller combattre dans l'armée royale espagnole, comme en 1777 on vit MM. de La Fayette et de Lameth courir sous la bannière républicaine de l'Amérique, ou comme, en 1792, on vit les princes de Hohenlohe et de braves officiers allemands se ranger sous les drapeaux de l'armée royale de France?

Et si les rois de l'Europe voulaient faire commander cette *croisade*, religieuse et politique, par l'infant d'Espagne CHARLES-LOUIS (1), jeune prince de la plus grande espérance, mais qui

---

(1) Comment, l'infant CHARLES-LOUIS à la tête d'une armée? Mais c'est un *dévot*; car voici ce qu'on lit dans le *Diario* de Rome, du 30 avril dernier :

« S. A. R. l'infant d'Espagne, Charles-Louis de Bourbon, prince de Lucques, « a prononcé un beau discours au jour de l'ouverture du huitième triennal de « l'Académie de la religion catholique. Le prince y a développé, avec une pro- « fonde érudition, les triomphes de la religion sur les erreurs et les persécutions « de tous les temps, comme sur les efforts et les sophismes des modernes philo- « sophes..... » Il est donc vrai que ce prince réunit à tous les avantages extérieurs une grande connaissance de la religion et de l'histoire des peuples; mais on lui a appris la religion dans la vie de son saint aïeul. Il sait, comme SAINT-LOUIS, que la piété des princes consiste dans la justice et le courage; et tout fait croire que le Ciel bénirait sa *croisade* en faveur du peuple espagnol, contre les tyrans *athées* qui l'oppriment.

Qu'on nous permette de rapporter ici un trait de l'histoire de la maison de Bourbon :

Du temps de Charles V, roi de France, Pierre-*le-Cruel*, roi de Castille, avait fait mourir la reine son épouse, *Blanche de Bourbon*. *Duguesclin* mena en Espagne tous ces vieux corps de militaires français qui, après la paix avec l'Angleterre, n'aspiraient plus qu'à de nouveaux combats. *Charles-le-Sage* permit à un jeune prince de la maison de Bourbon, au *comte de La Marche*, de se mettre à leur tête. Pierre-*le-Cruel* fut puni, et son rival fut placé sur le trône de Castille.

ne peut trouver dans les faibles revenus de son état de *Lucques* les moyens de paraître, avec l'éclat convenable à sa naissance, à la tête d'une si grande entreprise; qui pourrait empêcher d'aller se ranger sous l'étendard de ce fils de Louis XIV et les milliers d'officiers royalistes français, renvoyés de l'armée par M. Gouvion-Saint-Cyr, et ce nombre plus grand encore de jeunes royalistes que les règlemens de ce ministre forcent de vivre dans leurs foyers, inutiles à la cause sacrée pour laquelle seule ils respirent?

Le combat serait bientôt fini. On verrait le peuple espagnol, trouvant enfin un point de réunion, fier de combattre sous un prince du sang de ses rois, s'armer de toutes parts à la voix de ses pasteurs; les *Lopes-Banos* et les *Berton*, les *Riego* et les *Montarlot* ne tiendraient pas plus long-temps dans la Biscaye, dans la Navarre, dans l'Aragon, dans la Catalogne, dans les Castilles, que les *Pépé* dans les *Abbruzes* : l'Espagne reparaîtrait au rang des nations civilisées; et l'Europe n'aurait plus à redouter, dans cette vaste péninsule, un immense foyer de révolutions.

Craindrait-on que le côté gauche ne s'écriât qu'on veut faire de nos frontières d'Espagne une nouvelle *Coblentz?* On n'aurait qu'à lui répondre en commençant la campagne (par les voies légales et avec les armes constitutionnelles), sur la *division* de l'armée *libérale*, commandée par le général *Foy*, et en la terminant, avec d'autres armes, sur celle du général *Riégo* (A).

Chose heureuse dans ces grandes circonstances! nos dernières élections ont fait voir à découvert en quoi consistait *l'armée libérale* de France. Tous ceux qui ont voté contre les *candidats* du Gouvernement se sont montrés liés avec les ennemis les plus invétérés et les plus furieux de la monarchie; ils ont senti qu'ayant en tête un ministère royaliste, c'était leur dernier combat; et en conséquence nul n'a caché son *écharpe*. Et qu'on ne tire point de conséquences des avantages partiels qu'ils ont eus en quelques lieux. Ces nominations *libérales* ne prouvent autre chose que ce qu'ont prouvé le choix de M. *Manuel* pour l'opinion de la *Vendée*, et le choix de M. *B. Constant* pour l'opinion de la *Sarthe*. Les adhérens du *Comité-Directeur* sont à la nation française ce que sont à la masse des fidèles, réunis dans nos temples, quelques brigands qui circulent, à l'extrême enceinte, en insultant les prêtres du TRÈS-HAUT, et que la police fait chasser par des gendarmes.

Ces élections ont montré de même les royalistes parfaitement unis; on a vu qu'ils ne formeront plus, dans les Chambres et hors des Chambres, qu'un seul corps, secondant de tous ses moyens le ministère auquel S. M. a accordé sa confiance, et dans lequel la France a placé toutes ses espérances.

(A) Ne craignez-vous pas, me diront quelques personnes, d'irriter *Lopez-Banos*, et *Riego* et la *Fontana dO'ro*, et de les décider à marcher sur la France. Je répondrai d'abord que mon opinion est sans conséquence *politique*, que je suis tout-à-fait *indépendant*, (et libre dans mes *opinions*, quoique obéissant *passivement* à mes *amis* pour mon *vote*), et qu'il m'a semblé bon et utile de parler pour *Coblentz*, comme il a plu à M. *Sébastiani* de parler contre; qu'enfin la liberté de la presse appartient aux royalistes tout comme aux révolutionnaires.

Pense-t-on, d'ailleurs, que les amis de *Pépé*, de *Montarlot*, de *Nantil*, de *Berton*, aient besoin d'être provoqués pour faire à la France, à l'Italie, à l'Europe, tout le mal qu'ils pourraient faire. Heureusement les *Cortès* sont sans trésor; tout bon Espagnol leur refuse l'impôt; ils ne subsistent que par quelques millions que leur prêtent M. *Lafitte* et ses amis; il leur est impossible d'entretenir une armée; et s'ils s'avisaient de lever des conscrits, ce ne serait que pour en être exterminés. Ce qu'on appelle l'armée de *Lopez-Banos* en Navarre, n'est composée que de deux à trois mille hommes; il n'y a que deux cents hommes dans la forteresse de *Figuiere*, construite pour en contenir douze mille. La Navarre, l'Arragon, la vieille Castille sont des pays ouverts, pleins de chrétiens et de royalistes, et dix mille hommes sous l'étendard de *la Foi* et de la couronne de *Pélage*, arriveraient à Madrid sans trouver à qui livrer bataille.

Et d'ailleurs, pourrait-il être question de *diplomatie* avec un pareil ramas de brigands; pas plus qu'avec les régicides de la *Convention*, avant et après le 21 janvier; pas plus que n'en a usé l'Autriche avec les *carbonari* de Naples et de Turin; pas plus que n'en userait l'Europe avec nos hommes à *poignard* et à *incendie*, si après deux cents tentatives infructueuses ils pouvaient réussir une fois, s'il était possible que le gouvernement *occulte* du *comité-directeur* se montrât un moment à la *surface* de la France (qu'on me passe cette expression) et qu'il s'avisât de proclamer qu'il est le maître de notre patrie. — Traiter avec de semblables ennemis du genre humain, avoir l'air de reconnaître qu'ils participent au *droit des gens*, ce serait un *crime* contre la Religion, la morale et l'humanité; *ce serait pis*, ce serait une *faute* en politique, et une faute qu'on ne saurait comment qualifier.

J'ai des droits à parler sur l'Espagne. Je disais à la tribune de la Chambre en 1817, en demandant la suppression de deux millions portés au budget en faveur des *réfugiés espagnols*, tandis qu'il n'y était pas question des *émigrés français* : « Ces Espagnols sont en France parce qu'ils ont fait la guerre à la maison « de Bourbon ; et ils n'ont d'espoir de retourner dans leur patrie, qu'autant « que les malheurs qui ont frappé cette maison auguste se renouvelleraient en- « core. Tous leurs intérêts doivent donc en faire les agens les plus actifs des « ennemis des monarchies légitimes. (*Moniteur* du 29 février 1817).

Mina, arrivant en Espagne, les premiers jours de 1820, publia cette proclamation : « Soldats, j'ai quitté la capitale de la France, où *m'avait conduit* « *l'espoir de vous être utile un jour*; et je suis accouru en Espagne pour réunir « toutes mes forces à celles des hommes qui, aux portes de Cadix, ont invoqué, « avec héroïsme, les noms sacrés de *constitution* et de *cortès*, contre les efforts « de la tyrannie et du despotisme....... »

Dans un écrit, distribué à la Chambre des Députés, le 31 juillet 1821, je disais :

« L'Europe a frémi des supplices horribles au milieu desquels quelques bri- « gands ont fait mourir le curé *Vinueza* dans sa prison. On sait que les Cortès « ont trouvé eux-mêmes ce zèle un peu exagéré. Ces *libérales* assassins ont été « obligés de s'éclipser pendant quelque temps; ils ont eu même le *procédé* de « sortir d'Espagne. Où croyez-vous qu'ils soient? parmi les insurgés d'Amé- « rique? Point du tout; ils sont en France. Mais dans quelque angle des Py- « rénées? Non : ils sont à Paris.

« Quelle dureté! vont me dire les *libéraux* français, de dénoncer le séjour, à « Paris de ces honnêtes antropophages qui n'ont *mangé que du prêtre*! Soyez « tranquilles, leur séjour est connu du directeur général de la police du royaume, « il connaît leur nom et le numéro de la maison qu'ils habitent. Ils sont par « conséquent sous la protection de la légation des Cortès; ils attendent, comme « *Mina*, en *pays tolérant* et *ami*, le jour non éloigné où ils rentreront « triomphants en Espagne et à Madrid. »

(*Quelques considérations sur la marche du ministère*, p. 117.)

Comme l'aurait annoncé tout homme qui connaît la marche des révolutions, non-seulement ces *septembriseurs* qui ont vécu pendant plusieurs mois à Paris à faisant beaucoup de dépense, et recevant, disait-on, mille francs par mois du *comité directeur français*, sont rentrés en Espagne et à Madrid; mais leur chef, qui déshonore, hélas! un nom non obscur, qui a porté le premier coup de marteau sur la tête du MARTYR *Vinueza*, qui a toujours à la boutonnière l'ordre d'el *Martillo*, est membre actuel des *Cortès*!!!

NOTE *qui se rapporte à ces mots de la page 58 : « En Angleterre, à la restauration de Charles II, on exclut de l'éligibilité au Parlement, etc.*

Cet acte politique fut en quelque sorte imité par les ordonnances du 24 juillet 1815, en vertu desquelles vingt-neuf membres de la Chambre des Pairs furent exclus de cette Chambre, et cinquante-huit généraux, ministres, ou autres serviteurs de Bonaparte furent bannis de France. Dans la *bonne* année 1819, les *Pairs* rentrèrent dans leur Chambre, et les *bannis* en France. Il n'y a pas d'exemple qu'un seul de ceux-ci ne soit pas resté fidèle à son parti. L'un d'eux a concouru aux dernières élections; les journaux ont fait observer qu'il ne lui a pas manqué une voix du parti libéral : ces électeurs si habiles, si bien dirigés, étaient bien assurés que leur *candidat* irait s'asseoir entre les deux généraux qui ont été ses deux compagnons d'armes, dans sa plus *glorieuse* campagne, MM. *Foy* et *Gérard*.

L'histoire a remarqué que parmi tant de *ligueurs* auxquels Henri IV fit grâce, pas un, depuis le duc de *Mayenne* jusqu'au dernier officier, ne cessa d'être fidèle à son roi; aujourd'hui le nouvel honneur prescrit d'être *fidèle* aussi, mais c'est à son *parti*. Un général qui, par d'habiles manœuvres, enlève au Roi la grâce du bannissement ou même de la vie, classera cet événement, dans ses *mémoires*, parmi les *ruses de guerre* dont on use envers l'ennemi, et il ne manquera pas de les noter comme étant tout aussi honorables que les *stratagèmes* recueillis par *Frontin* et par *Follard !*

Il en est de même de toutes sortes de *grâces* : Qu'on donne à un *libéral*, ennemi déclaré de la monarchie, une place de pair, de premier président, de procureur-général, de préfet, d'inspecteur-général de l'armée, (comme il s'est pratiqué surtout et constamment sous le ministère de 1819), il ne se servira de sa nouvelle *conquête* que pour faire triompher son parti.

Ce sont des vérités que des hommes d'un cœur droit et qui ignorent jusqu'à quel point la philosophie de *Voltaire*, d'*Helvétius* et de *Diderot*, a perverti tous les sentimens humains, ne peuvent se résoudre à reconnaître : Il le faut bien cependant, sous peine de voir périr la monarchie !

NOTE *qui se rapporte à ce qui est dit page 50, sur les dernières élections du département de Paris.*

Un écrivain *libéral* a inséré, dans la feuille du 19 mai, du journal *officiel* du parti, un article sur ces élections ainsi terminé : « C'est à Paris que les départe-
« mens viennent d'eux-mêmes pour apprendre à connaître le véritable état des
« choses, et pour en porter leur jugement; et si l'Europe attentive avait besoin
« de s'éclairer sur la France, ce ne serait pas certainement dans un collége isolé
« où l'on vote comme le maire, sans parler comme lui, qu'on irait chercher la
« véritable opinion de l'immense majorité des Français. »

Pour toute réponse, j'invite les 1005 électeurs royalistes du collége de département qui ont donné leurs suffrages à M. *Berton*, et (sauf quelques voix perdues) à MM. *Olivier*, *Lebrun* et *Bonnet*, de publier la liste de leurs noms, avec la nature de leurs contributions et la note des fonctions publiques qu'ils ont remplies. Il sera facile de publier sur une colonne correspondante la liste des électeurs *libéraux*, de même avec la nature de leurs contributions, et la note de la vie politique des chefs, tirée uniquement des *tables* du *Moniteur*.

L'on verra ainsi, d'un côté, les représentans de l'opinion de Paris, et de l'autre, les représentans de la révolution; l'on reconnaîtra en même temps à quel parti appartiennent ces 289 électeurs de département qui se sont trouvés en sus du nombre des électeurs du même collége en 1820, quoiqu'ils dussent se trouver en moins, à cause du dégrèvement de la contribution foncière. — En continuant cette opération sur les colléges d'arrondissement, on verrait aussi à quel parti appartiennent les 1157 électeurs d'arrondissement qui se sont trouvés en sus du nombre porté dans les états distribués, par ordre du Gouvernement, aux deux Chambres, en 1820. — Je ne connais pas de publication plus utile pour éclairer Paris même, la France et les étrangers, sur ces dernières élections du département de Paris.

FIN.

www.ingramcontent.com/pod-product-compliance
Ingram Content Group UK Ltd.
Pitfield, Milton Keynes, MK11 3LW, UK
UKHW031929260826
14628UKWH00004B/1503

9 782016 179871